Helmut Jantra
Bärlauch, Feige,
Süßkartoffel

Helmut Jantra

Bärlauch, Feige, Süßkartoffel

Ausgefallenes Obst und Gemüse

Franckh-Kosmos

Impressum

Mit 16 Farbfotos von Reinhard-Tierfoto, Heiligkreuzsteinach/Eiterbach: 17 o., 18, 35, 36, 37, 38 o., 55, 56 und Robert Sulzberger, Freising: 17 u., 38 u.

Mit 22 Zeichnungen von Manuela Hutschenreiter, München.

Vignetten von Marianne Golte-Bechtle, Stuttgart.

Umschlaggestaltung von Atelier Reichert, Stuttgart, unter Verwendung von 4 Farbfotos von »Mein schöner Garten«, Burda GmbH: Foto: R. Krieg (großes Bild Vorderseite), Reinhard-Tierfoto, Heiligkreuzsteinach (kleine Bilder Vorderseite) und G. + S. Stein, Vastorf (Rückseite).

Die Deutsche Bibliothek –
CIP-Einheitsaufnahme

Jantra, Helmut:
Bärlauch, Feige, Süsskartoffel : ausgefallenes Obst und Gemüse / Helmut Jantra. – Stuttgart : Franckh-Kosmos, 1994
    ISBN 3-440-06777-7

© 1994, Franckh-Kosmos Verlags-GmbH & Co., Stuttgart
Alle Rechte vorbehalten
ISBN 3-440-06777-7
Lektorat: Gudrun Braun
Herstellerin: Kirsten Raue
Printed in Germany/Imprimé en Allemagne
Satz: G. Müller, Heilbronn
Herstellung: Huber KG, Dießen

Inhalt

Vorwort _____ 7

Die Qual der Wahl _____ 8

Problem Bezugsquellen _____ 9

Anbauempfehlungen _____ 10
  Anzuchtsubstrate _____ 10
  Aussaat _____ 10
  Pikieren _____ 11
  Anzuchthilfen _____ 11
  Vegetative Vermehrung _____ 11

Allgemeine Pflegemaßnahmen __ 13
  Gießen _____ 13
  Düngen _____ 13
  Schonender Pflanzenschutz ___ 15

Gemüse, Kräuter, Gewürze _____ 19
  Amaranth _____ 19
  Artischocke _____ 20
  Aubergine, Eierfrucht _____ 21
  Bärlauch, Wilder Knoblauch __ 22
  Bleichsellerie _____ 22
  Cardy, Kardone _____ 23
  Erdbeerspinat _____ 24
  Erdmandel _____ 24
  Grünspargel _____ 25
  Gurken-Spezialitäten _____ 26
  Guter Heinrich _____ 27
  Haferwurzel, Weißwurzel ____ 27
  Kichererbse _____ 28
  Knollenziest,
    Japanische Kartoffel _____ 28
  Kubaspinat,
    Winterportulak, Postelein ___ 29
  Löffelkraut _____ 29
  Löwenzahn _____ 30
  Luftzwiebel, Etagenzwiebel,
    Ägyptische Zwiebel _____ 30

Melde _____ 31
Mungbohne _____ 31
Okra _____ 32
Pak Choi,
  Chinesischer Senfkohl _____ 33
Pastinake, Hammelmöhre,
  Moorwurzel _____ 33
Pfeffer _____ 34
Puffmais, Popcorn _____ 39
Rübstiel, Stielmus _____ 39
Sauerampfer _____ 40
Schnittkohl, Bremer Scherkohl _ 40
Seekohl, Meerkohl _____ 40
Sojabohne _____ 41
Spaghettikürbis _____ 42
Spargelsalat _____ 42
Speiserübe, Mairübe _____ 43
Spitzkohl _____ 43
Süßkartoffel, Batate _____ 44
Tomaten-Spezialitäten _____ 45
Topinambur _____ 47
Wasserkresse, Brunnenkresse _ 47
Winterzwiebel _____ 48
Zuckermais _____ 48
Zuckerwurzel, Süßwurzel _____ 48

Früchte _____ 49
  Ananas _____ 49
  Andenbeere, Kapstachelbeere _ 51
  Apfelbirne, Nashi _____ 51
  Banane _____ 52
  Baumtomate, Tamarillo _____ 52
  Boysenbeere und Loganbeere _ 54
  Citrusfrüchte _____ 54
  Echter Feigenbaum _____ 57
  Feigenkaktus, Feigenopuntie _ 58
  Heidelbeere _____ 59
  Japanische Weinbeere _____ 60
  Jostabeere _____ 61
  Kiwi _____ 61

Inhalt

Maulbeere, Schwarze ———— 63

Mispel ——————————— 63

Nektarine ————————— 64

Passionsblume,
Purpurgranadilla ————— 64

Pepino, Birnenmelone ———— 65

Preiselbeere ———————— 65

Sanddorn ————————— 66

Schwarze Apfelbeere ———— 66

Taybeere ————————— 67

Weinrebe ————————— 67

Zuckermelone ——————— 68

Anhang ————————— 70

Bezugsquellen ——————— 70

Register —————————— 71

Vorwort

Wer Freude am Garten hat, wem es Spaß macht, das Wachsen, Blühen und vielleicht Fruchten selbst herangezogener oder gekaufter Pflanzen zu beobachten, ist fast immer auch an Neuheiten, Besonderheiten, Raritäten interessiert. Sicher, man ist zufrieden, wenn die ersten Radieschen immer dicker und runder werden, die Kirschen störungsfrei heranreifen, die Hülsen der Bohnen sich in die Länge strecken; aber im Grunde genommen bleibt das bei allem Engagement doch gärtnerischer Alltag. Viele der in diesem Buch beschriebenen Nutzpflanzen dagegen sind nicht alltäglich, obwohl der eine oder andere Gartenbesitzer sich vielleicht schon an ihnen versucht hat. Einige wie Pastinake, Speiserübe, Zucker- und Haferwurzel oder Melde wurden in früheren Zeiten regelmäßig angebaut, gerieten dann aber, zu Recht oder Unrecht, in Vergessenheit. Andere, z.B. Aubergine, Bleichsellerie, Grünspargel, sind zwar jedermann bekannt, im eigenen Garten aber seltene Gäste. Bei Okra, Pak Choi, Andenbeere und Apfelbirne handelt es sich um Arten, die erst vor relativ kurzer Zeit für den Hausgarten entdeckt wurden.

Insbesondere bei den aus den Tropen und Subtropen stammenden Fruchtgewächsen bedeutet die Kultur in unseren Breiten stets ein Experiment mit unsicherem Ausgang, vor allem wenn die Sommer kurz und verregnet sind. Sofern kein Gewächshaus oder Wintergarten mit auch in der kalten Jahreszeit konstant zu haltenden Temperaturen zur Verfügung steht, muß man sie wie *Datura*, Oleander oder Strauchmargerite als Kübelpflanzen halten und frostfrei überwintern. Heidelbeere und Preiselbeere wiederum haben zwar keine Probleme mit dem Klima, wünschen aber einen möglichst kalkarmen Boden, d.h., sie brauchen einen besonders sorgfältig vorbereiteten Pflanzplatz.

Zwischen diesen Extremen ist dann aber die Mehrzahl der Pflanzen angesiedelt, die sich in ihren Ansprüchen kaum von dem unterscheiden, was in unseren Gemüsegärten ohnedies seit jeher problemlos gedeiht. Wer sicher gehen will, findet unter Gemüse und Kräutern gewiß Arten, mit denen er sich noch nicht befaßt hat und die eine Kultur lohnen.

Helmut Jantra

Die Qual der Wahl

Angesichts des riesigen Angebots der verschiedensten Gemüse- und Obstarten und -sorten sollte man meinen, daß eigentlich keine Wünsche mehr offen bleiben. Da auch Kräuter heute wieder einen hohen Stellenwert im Garten besitzen und als Samen oder Pflanzen erhältlich sind, hat man auch hier die freie Wahl und kann eigentlich alles anbauen, was das Herz – und die Küche – begehrt. Dennoch gibt es immer noch eine ganze Reihe von Nutzpflanzen, die gar nicht oder kaum bekannt sind und sich nur selten in unsere Gärten verirren.

Es handelt sich dabei keineswegs immer um ausgesprochene Neuentdeckungen oder Neuzüchtungen, obgleich derartige Spezialitäten, z. B. bei Gurken und Tomaten, ebenfalls eine Rolle spielen. Ganz im Gegenteil, viele der genannten Arten waren in früheren Zeiten wohlbekannt und fester Bestandteil des Speisezettels unserer Altvordern. Sie werden jetzt allmählich wiederentdeckt, und man besinnt sich dankbar auf ihre Qualitäten.

Dennoch: Über Geschmack soll man bekanntlich nicht streiten, und was früher, vielleicht in Ermangelung von etwas Besserem, auf den Tisch kam, muß heute nicht unbedingt den höchsten Gaumengenuß verheißen. Aber sind Nützlichkeit und Supererträge der einzige Sinn des Gärtnerns? Wer wie der Autor seit über 20 Jahren tagtäglich Kontakt zu Hobbygärtnern hat, ihre Nöte und Sorgen ebenso kennt wie ihre Freude am eigenen Garten, weiß, daß da noch etwas anderes ist: Die enge Verbundenheit zur Natur im weitesten Sinn und die Lust am Experimentieren, am Ausprobieren jeder Pflanzenneuheit. Hobbygärtner sind neugierig.

Dabei ist der Begriff »neu« relativ. Was der eine Nachbar drei Gärten weiter als »alten Hut« bezeichnet, kann für den anderen von höchstem Interesse sein. Auch die Anbauwürdigkeit ist eine ganz individuelle Angelegenheit, denn für manch einen rechtfertigt allein schon der »Spaß an der Freud« das Ausprobieren, das Beobachten, wie etwas Unbekanntes heranwächst und sich entwickelt, das Beet mit einer ganz neuen Variante bereichert, bis dann am Schluß die mit Spannung gestellte Frage beantwortet wird: Schmeckt's, oder läßt man es bei dem einen Versuch?

Natürlich gibt es auch Nutzpflanzen, die in fernen, meist tropischen oder subtropischen Ländern fester Bestandteil des Nahrungsangebots sind, von denen man jedoch bei uns noch nicht einmal den Namen kennt: Stachelannone, Jabuticaba, Babaco, Lulo, Sapotilla, Bilimbi, Wampee sind nur einige Beispiele dafür. In ihrer Heimat teilweise Sträucher oder hohe Bäume, bleibt die

8

Problem Bezugsquellen

Kultur dem ausgesprochenen Liebhaber überlassen, der über die notwendigen Kultureinrichtungen verfügt.

Bei der hier getroffenen Auswahl handelt es sich fast ausschließlich um Arten, die man im eigenen Garten ziehen kann, wobei natürlich das jeweilige Klima eine Rolle spielt. Wo notwendig, lassen sich als Schutz Vliese, Folien oder Folientunnel einsetzen, nur in Ausnahmefällen wird der Anbau im Kleingewächshaus empfehlenswert sein. Einige der Pflanzen, vor allem Kräuter, lassen sich auch in Töpfen und Kübeln auf Balkon und Terrasse kultivieren.

Problem Bezugsquellen

Die meisten der beschriebenen Gemüse und Kräuter werden durch Samen vermehrt, andere pflanzt man als gekaufte Jungpflanzen, einige werden gesteckt. Verschiedene Samen-Raritäten sind im Handel erhältlich, allerdings kaum im Supermarkt, sondern im Samenfachhandel oder auf dem Versandweg. Einschlägige Adressen werden am Schluß des Buches genannt. Manchmal geben auch Botanische Gärten ein paar Samenkörner oder Pflanzen ab, in Einzelfällen mag der Zufall helfen, wenn man sich in örtlichen Garten- oder Kleingartenvereinen erkundigt.

Baum- und Beerenobst wird von Markenbaumschulen angeboten, Exoten wie Citruspflanzen, Bananen oder Passionsblumen sind in auf Kübelgewächse spezialisierten Gärtnereien erhältlich. Häufig kann auch eine Suche über die Gelben Seiten des Telefonbuchs zum Erfolg führen, wenn man sich bei den dort genannten Firmen nach Raritäten erkundigt. Schließlich findet man interessante Angebote in den Kleinanzeigen von Gartenzeitschriften.

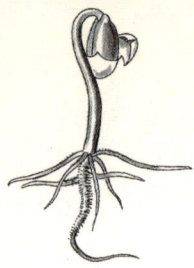

Anbauempfehlungen

Bei Gemüse und Kräutern, die ohne Vorkultur auf dem Freilandbeet heranwachsen, bereitet der Anbau anhand der bei den Einzelbeschreibungen gegebenen Empfehlungen kaum Schwierigkeiten. Es gibt aber auch Arten, die bei höheren Temperaturen herangezogen werden müssen, bevor sie als Jungpflanzen in den Garten dürfen. Dafür stehen heute eine Reihe von Hilfsmitteln zur Verfügung, die auch dem Laien die Anzucht erleichtern und das Risiko eines Mißerfolgs mindern.

Anzuchtsubstrate

Spezielle im Handel erhältliche Anzuchterden haben die richtige Struktur und Zusammensetzung und sind keimfrei, so daß die Jungpflanzen unter optimalen Bedingungen heranwachsen. Derartige Substrate kann man aber auch selber herstellen, indem man Torf und Sand zu gleichen Teilen mischt. Eine Düngerzugabe ist nicht erforderlich, sie wäre für die empfindlichen Keimlinge sogar schädlich.
Vor der Aussaat muß die Erde leicht angefeuchtet, danach noch einmal, am besten mit der Blumenspritze eingenebelt werden. Beim Gießen mit der üblichen Brause besteht die Gefahr, daß man feine Saatkörner ausschwemmt.

Aussaat

Bei feinem Saatgut kann es leicht passieren, daß unnütz dicht gesät wird. Falten Sie ein Stück Papier (Briefpapier) oder dünnen Karton einmal in der Mitte, so daß ein nach beiden Seiten offenes »Schiffchen« entsteht. Dort hinein kommt eine kleine Menge des Inhalts der Samentüte, den man dann durch leichtes Klopfen mit dem Finger aus dem Faltpapier rieseln läßt. Bei größeren Samen genügen die Fingerspitzen. Danach wird dünn von der Aussaaterde über die Kultur gesiebt und eingenebelt. Als Anzuchtgefäße dienen zweckmäßigerweise flache Saatschalen, ebenso gut geht es aber in ganz gewöhnlichen Blumentöpfen aus Ton bzw. Plastik, bei Einzelsaat lassen sich auch Joghurtbecher verwenden, wobei man nicht vergessen darf, für ein Abzugsloch im Boden zu sorgen. Die Saatgefäße werden in transparente Plastikfolie gehüllt oder mit einer Glasscheibe abgedeckt, um die Verdunstung herabzusetzen. Sind die ersten grünen Spitzen zu sehen, müssen die Keimlinge Frischluft bekommen, indem man Holzstückchen unter die Scheibe legt bzw. die Folie lockert. Die Saatgefäße kommen an einen hellen, nicht sonnigen Platz, in der Regel auf ein Fensterbrett über der Heizung, wo sie die nötige Bodenwärme erhalten, da man Anzuchten bereits im

Vegetative Vermehrung

zeitigen Frühjahr vornimmt; zügeln Sie jedoch Ihre Ungeduld ein bißchen: Vor Anfang März sollte man nicht damit beginnen, weil die Tage sonst noch zu kurz sind und die Sämlinge auf der Suche nach Licht in die Höhe schießen, vergeilen, wie der Gärtner sagt, und umkippen. Es sei denn, Sie setzen spezielle Pflanzenleuchten ein.

Pikieren

Sind die Sämlinge so kräftig geworden, daß man sie ohne Verletzungsgefahr mit zwei Fingern fassen kann, muß pikiert (vereinzelt) werden, damit Wurzeln wie oberirdische Teile Platz zur Entfaltung haben. Ob man dafür weitere Saatschalen oder Töpfe wählt, bleibt sich gleich, Hauptsache, die Pflänzchen stehen so weit auseinander, daß sie sich nicht gegenseitig behindern. Etwa ab Mitte Mai, wenn keine Frostgefahr mehr droht, wird dann an den Endplatz in den Garten gesetzt.

Anzuchthilfen

Wer sich die ganze Prozedur vereinfachen möchte, kann auf fertige Aussaatboxen aus dem Fachhandel zurückgreifen, die in verschiedenen Abmessungen einschließlich Abdeckhaube mit regelbaren Lüftungsschlitzen angeboten werden. Noch ein Schritt weiter wäre das Anzuchtbeet mit integrierter, thermostatgesteuerter Bodenheizung, das von jeder anderen Wärmequelle un-

abhängig macht. Häufig sind diese Modelle bereits mit einer oder mehreren Saatschalen ausgestattet – eine sauberere und bequeme Angelegenheit für die Pflanzenkinderstube auf dem Fensterbrett.

Vegetative Vermehrung

Viele Pflanzen lassen sich nicht nur durch Samen, sondern auch dadurch vermehren, daß man bestimmte Organe von ihnen zur Bewurzelung bringt oder indem man sie – die bequemste Möglichkeit – einfach teilt. Dies hat außerdem den Vorteil, daß man Nachwuchs erhält, der genau so aussieht wie das Mutterexemplar; bei selbst geerntetem Samen von Zuchtformen ist das nicht immer der Fall.

In Anzuchtboxen mit integrierter Heizung erfolgt die Keimung besonders gleichmäßig.

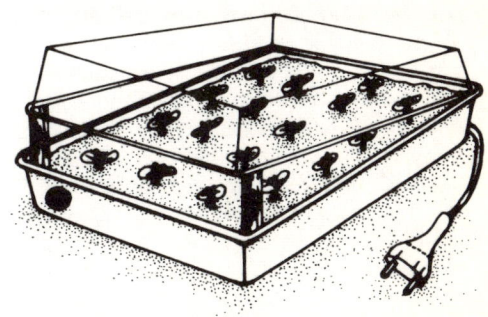

Kopfstecklinge

Hierbei werden etwa fingerlange, noch nicht verholzte Stücke der Triebspitze mit einem scharfen Messer oberhalb einer Blattknospe abgeschnitten und einen bis zwei Zentimeter tief senkrecht in ein mageres Substrat gesteckt. Man kann sich diese Anzuchterde aus Torf und Sand ohne jeden Düngerzusatz zu gleichen Teilen selber mischen oder als Fertigprodukt kaufen. Die untersten, beim Stecken störenden Blätter werden vorher entfernt, die anderen müssen erhalten bleiben, damit der Steckling nicht schon vor der Wurzelbildung abstirbt. Für eine höhere Luftfeuchtigkeit kann man die Stecklinge mit durchsichtiger Folie abdecken.

Wurzelschnittlinge

Viele Pflanzen können durch an den Wurzeln befindliche, sogenannte Adventivknospen neue Triebe oder Schößlinge entwickeln. Diese Eigenschaft macht man sich bei der Vermehrung zunutze, um durch Wurzelschnittlinge Nachwuchs heranzuziehen. Dabei werden etwa 10 cm lange Stücke von Seitenwurzeln abgeschnitten und mit dem zur Mutterpflanze weisenden Teil nach oben (durch Schrägschnitt kenntlich machen) in das schon erwähnte magere Anzuchtsubstrat gesteckt. Sehr dünne Wurzeln legt man waagerecht obenauf und bedeckt sie dünn mit Erde, die gleichmäßig feucht gehalten werden muß.

Absenker

In Frage kommen hierfür bodennahe Langtriebe z. B. von Kletterpflanzen oder Schlingern wie Kiwis. Man wählt einen möglichst einjährigen Zweig aus, biegt ihn zur Erde und bettet ihn so in eine zuvor ausgehobene, etwa 10 cm tiefe Furche, daß die beblätterte Spitze noch hervorschauen kann. Damit der Trieb in seiner Lage bleibt, ist er mit Drahtklammern oder einer Astgabel zu fixieren. Wieder mit Erde bedeckt, bilden sich, wenn diese Arbeit im Frühjahr vorgenommen wird, bis zum Herbst am abgesenkten Trieb die ersten Wurzeln, so daß man ihn im folgenden Jahr von der Mutterpflanze abtrennen und neu einsetzen kann.

Teilung

Für diese problemlose Vermehrungsart kommen alle Pflanzen in Frage, die polsterbildend wachsen oder ein weit verzweigtes Wurzelsystem mit Wurzeltriebknospen ausbilden. Artischocken beispielsweise sollten zur Verjüngung geteilt werden, wenn die Blühkraft nach einigen Jahren nachläßt. Bei größeren Pflanzen oder Horsten trennt man zur Teilung einfach ein entsprechendes Stück mit dem Spaten ab und pflanzt es neu ein, andere werden mit der Grabegabel vorsichtig aus dem Boden gehoben und durch behutsames Auseinanderziehen mit den Händen oder Zerteilen mit einem Messer in Einzelstücke zerlegt.

Allgemeine Pflegemaßnahmen

Licht, Luft, Wasser und Nährstoffe sind die Kriterien, die das Pflanzenleben ausmachen, wobei die beiden ersten Medien bei Freilandkulturen von der Natur vorgegeben sind. Allerdings liegt die richtige Standortwahl hinsichtlich der Lichtverhältnisse in der Hand des Gärtners, was bei Gemüse und Kräutern bedeutet, einen sonnigen, allenfalls stundenweise etwas beschatteten Platz für den Anbau zu bestimmen; auf die Ausnahmen, die Halbschatten vertragen oder bevorzugen, wird in den Einzelbeschreibungen hingewiesen.

Gießen

Während Bäume und Sträucher des Ziergartens – von immergrünen Hecken einmal abgesehen – nur in extremen Trockenperioden zusätzlich bewässert werden müssen, reichen die natürlichen Niederschläge allein für unsere Gemüsepflanzen nicht aus. Bei warmem Sommerwetter muß man fast täglich zu Kanne oder Schlauch greifen, um dem trockenen Boden Feuchtigkeit zuzuführen. Daß einige Arten dabei mit weniger Wasser auskommen als andere, spielt bei der Pflege keine allzu große Rolle, und im Zweifelsfall richtet man sich stets nach den Pflanzen, die Dürre um die Wurzeln schlecht verkraften, z. B. Tomaten und Gurken.

Nicht nur wegen des vielzitierten Sonnenbrands durch Wassertropfen auf den Blättern (was dem Gemüse nicht allzuviel ausmacht), sondern vor allem aus praktischen Erwägungen heraus gießt man am besten gegen Abend; andernfalls verdunstet ein Teil des kostbaren Wassers, ehe es die Wurzeln erreicht hat. Und es wird reichlich gegossen, mindestens eine 10-l-Kanne pro Quadratmeter, weniger wäre Verschwendung. Kleine Mengen werden von der Krume aufgesogen, ehe sie die Wurzeln erreicht haben und kämen nur flachwurzelnden Unkräutern zugute. Regenwasser ist günstig, weil es nichts kostet, Gemüse und Kräutern schadet es aber auch nicht, wenn aus der Leitung gezapft wird. In dem Fall sollte man allerdings besser eine Tonne als Zwischenstation einschalten, in der sich das kalte Wasser vor Gebrauch etwas erwärmen kann.

Düngen

Stickstoff (chemisches Zeichen N), Phosphor (P) und Kali (K) sind die drei Hauptnährstoffkomponenten, die Pflanzen zum Leben benötigen. Hinzu kommen noch Magnesium und verschiedene Spurenelemente wie Eisen, Kupfer, Zink u. a., die aber nur in »Spuren«, also in winzigen Mengen benötigt

13

Pflegemaßnahmen

werden, so daß es hier nur selten – außer beim Magnesium – zu Mangelerscheinungen kommt. Lange Zeit wurde auch im Hausgarten den sogenannten Mineraldüngern der Vorzug gegeben, weil ihre Ausbringung problemlos war, man mußte sich nur nach der vom Hersteller vorgeschriebenen Dosierung richten.

Inzwischen hat ein Umdenken stattgefunden, und die meisten Hobbygärtner ziehen eigenen Kompost oder im Handel erhältliche organische Dünger vor. Es wurde nämlich erkannt, daß der Einsatz ausschließlich mineralischer Produkte auf Dauer zu einer Verarmung des Bodens führt, da die Tätigkeit der Mikroorganismen stark eingeschränkt wird. Das Erdreich ist dann schnell ausgelaugt, es verkrustet und wird schließlich unfruchtbar, weil der von den Kleinstlebewesen produzierte Humus fehlt. Damit die Pflanzen erhalten, was sie an Nährstoffen nun einmal brauchen, werden immer mehr Düngesalze gegeben, so daß die Auslaugung der Krume fortschreitet, bis auch der letzte Regenwurm kapituliert. Zugegeben, das Szenario ist etwas überspitzt, doch es besteht kein Anlaß, die Probe aufs Exempel zu machen. Denn man kann durchaus gänzlich auf Mineraldünger verzichten oder sie nur in Sonderfällen einsetzen, wenn z. B. kurzfristig ein akuter Mangel behoben werden muß.

Neben dem schon erwähnten garteneigenen Kompost ist auch Brennesseljauche ein bewährtes Dünge- und Stärkungsmittel, das zusätzlich für die Pflanzenpflege eingesetzt werden kann (siehe S. 15 oben).

Der Handel bietet darüber hinaus verschiedene Düngeprodukte auf rein organischer Basis an, die ebenfalls alle für die Pflanzen wichtigen Stoffe enthalten. Schließlich sollte man die Beete, wo immer das möglich ist, mit einer von Zeit zu Zeit zu erneuernden Mulchschicht aus Grasschnitt oder anderen organischen Gartenabfällen bedecken. Eine solche Decke hält nicht nur die Feuchtigkeit länger im Boden, sie stellt durch allmähliches Verrotten auch eine stetig fließende, milde Düngerquelle dar.

Auch dem Kübelpflanzensubstrat können organische Dünger wie z. B. Hornspäne beigemischt werden.

Pflanzenschutz

Brennesseljauche: Man rechnet 1 kg frisches oder 200 g trockenes Kraut (aus dem Reformhaus oder einem biologisch orientierten Gartenfachgeschäft) auf 10 l Wasser (1 Gießkanne). Zum Ansetzen keine Metallbehälter verwenden. Je nach Temperatur beginnt die Gärung nach 5–7 Tagen und ist nach 10–20 Tagen beendet. Sobald keine Blasen mehr aufsteigen, ist die Jauche gießfertig. Direkt auf den Boden wird sie unverdünnt gebracht, beim Gießverfahren mit der Brause, bei dem auch die Blätter benetzt werden, verdünnt man mit der 10fachen Menge Wasser.

Schonender Pflanzenschutz

Die wichtigsten, vorbeugenden Maßnahmen, die Kulturen vor Schädlingsbefall und Krankheit zu bewahren, liegen in der Hand des Gärtners selbst. Da richtig gepflegte und daher gesunde, wüchsige Pflanzen von Schadorganismen viel weniger heimgesucht werden als schwächliche, kümmernde, kommt den optimalen Kulturmethoden besondere Bedeutung zu. Das heißt nichts anderes, als den Gewächsen ihre speziellen Wünsche so gut es geht zu erfüllen: Geeigneter Standort, ausgeglichene Ernährung und Bewässerung, nicht zu dichter Stand und eine gute Bodenpflege mit regelmäßiger Unkrautbeseitigung sind die dafür entscheidenden Kriterien. Man muß also die Ansprüche der Pflanzen kennen, um ihnen das zu bieten, was sie brauchen.

Wer seine Melonen nach dem Motto »vielleicht klappt's ja doch« auf einen kühlen Schattenplatz in schweren, lehmigen Boden setzt oder die Artischocke an eine windige Nordseite pflanzt, braucht sich über Mißerfolge, Krankheiten und Schädlinge nicht zu wundern. Ebenso wichtig sind richtiger Saat- bzw. Pflanztermin und artgerechter Abstand. Dennoch ist keine Kultur völlig gegen Schadensbefall gefeit, der die unterschiedlichsten Ursachen haben kann. Milde, feuchte Winter können spezielle Schädlingspopulationen ebenso aufbauen wie trockene, heiße Sommer; die Folge ist dann ein Massenbefall wie aus heiterem Himmel oder das plötzliche Auftreten von bisher unbekannten Schadorganismen.

Ähnlich dem Düngen machte man es sich früher auch mit dem Pflanzenschutz recht einfach. Gegen Schädlinge standen sogenannte Insektizide, gegen Pilzkrankheiten Fungizide in großer Zahl zur Verfügung, die man nur zu spritzen, gießen oder stäuben brauchte, um aller Sorgen ledig zu sein. Damit brachte man seine Kulturen zwar kurzzeitig wieder in Ordnung, die natürliche Lebensgemeinschaft Garten aber ziemlich durcheinander. Denn von den chemischen Wirkstoffen der Präparate wurden neben den Schädlingen auch unzählige Nützlinge mit vernichtet, die nun nicht mehr regulierend und nahezu unbemerkt in das Geschehen eingreifen und ihren Teil zur Schadenseindämmung beitragen konnten.

Naturgemäßer Pflanzenschutz ist also gleichzeitig Tierschutz und -hege, indem beispielsweise Singvögel als wichtige Schädlingsvertilger eine Heimstatt im Hausgarten finden. Das erreicht man durch Anbringen von Nistkästen und -höhlen, durch die Anpflanzung dichtlaubiger Sträucher, durch Vogeltränken und Liegenlassen einiger Laubreste, unter denen sich bodenlebende Würmer, Käfer, Larven sammeln und als Futter dienen.

Wer einen Igel oder Spitzmäuse, die ebenfalls zur Ordnung der Insektenfresser gehören, in seinem Garten entdeckt, sollte sich glücklich schätzen und dem Stacheltier durch einen Reisighaufen Unterschlupf bieten. Gleichfalls nützlich und auf jeden Fall schützenswert sind Erdkröten und Eidechsen.

Unter den Insekten, die ihresgleichen vertilgen, wären die Larven von Flor- und Schwebfliegen, Lauf- und Marienkäfer, verschiedene Schlupfwespen, Spinnen und mit Einschränkungen Ohrwürmer zu nennen. Für die Schädlingsbekämpfung unter Glas bzw. in geschlossenen Räumen kann man ebenfalls tierische Organismen einsetzen, die über den Gartenfachhandel zu beziehen sind: Raubmilben gegen Spinnmilben, Zehrwespen gegen die Weiße Fliege, Gallmücken und Florfliegen gegen Blattläuse, Nematoden (Fadenwürmer) gegen Dickmaulrüßler beispielsweise. Außerdem können hier mit Leim beschichtete Gelb- und Blautafeln gegen Weiße Fliegen, Blattläuse, Trauermücken und Blasenfüße (Thripse) helfen.

Im Garten kann man Blattläuse durch Abspritzen mit einem scharfen Wasserstrahl loswerden oder durch das Sprühen mit einem Brennessel-Kaltwasserauszug. Auch das Einstäuben mit Algenkalk oder Steinmehl hilft.

> *Brennessel-Kaltwasserauszug:* 1 kg frisches Kraut 24 Stunden lang in 10 l Wasser einweichen und danach unverdünnt über befallene Pflanzen spritzen, die Behandlung 3 Tage hintereinander wiederholen.

Erdflöhe, die vor allem Kreuzblütler wie Kohlgewächse schädigen, lieben ein trockenes Milieu und lassen sich vertreiben, wenn man den Boden unter den Pflanzen kontinuierlich feucht hält.

Gegen Erdraupen hilft zwischen die Reihen gelegtes Farnkraut oder ein biologisches Raupenmittel.

Rechts:
Oben: Auberginen sind außerordentlich wärmebedürftig, deshalb wird man mit ihnen unter Glas oder Folie die besten Erfolge erzielen.
Unten: Die Haferwurzel wurde schon in vorchristlicher Zeit in der Küche geschätzt, mußte in unseren Gärten aber später der beliebteren Schwarzwurzel weichen.

Seite 18:
Erdbeerspinat ist nicht nur ein schmackhaftes Blattgemüse, sondern schmückt sich auch mit dekorativen roten Früchten.

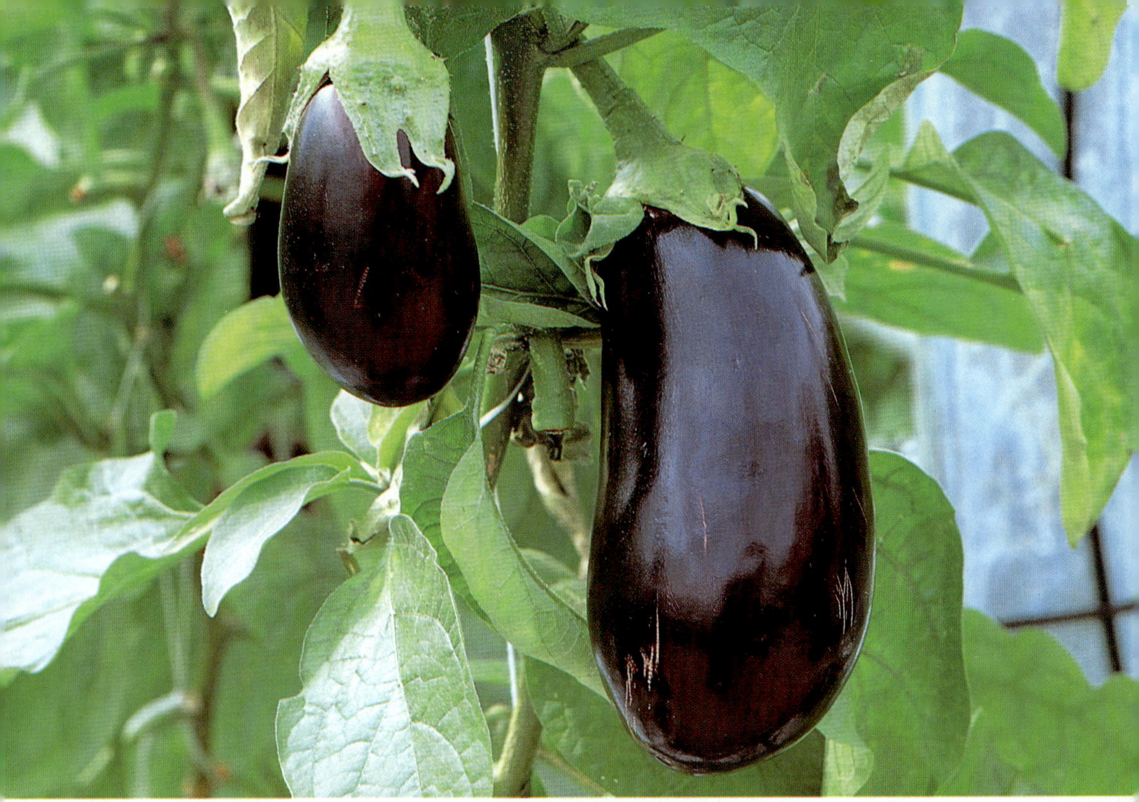

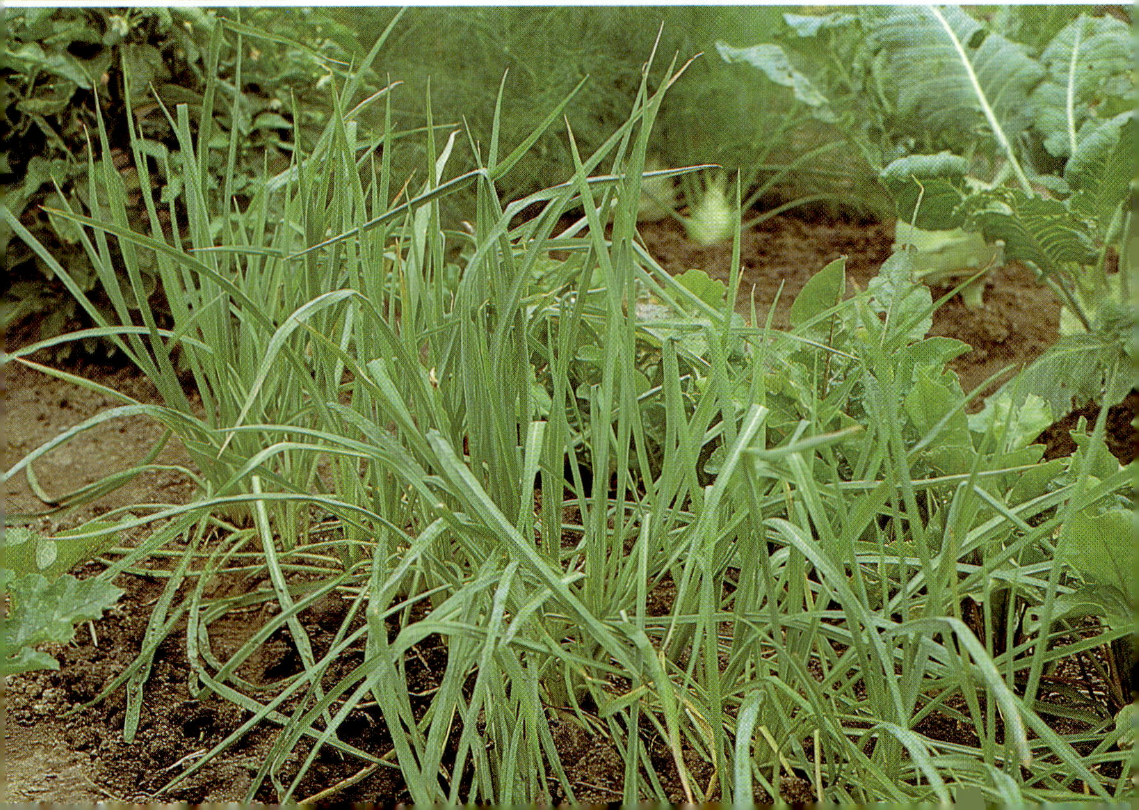

Gemüsefliegen werden durch Insekten-schutznetze oder Vliese und weiten Stand bei der Pflanzung abgewehrt.

Schnecken werden abgesammelt, in Bierfallen gefangen (z. B. Marmeladengläser mit Bier füllen und ebenerdig neben gefährdeten Kulturen in den Boden senken) oder durch Randpflanzungen von Köderpflanzen wie Tagetes (Studentenblume) von den schützenswerten Beeten abgezogen; kleine Anbauflächen, z. B. mit den besonders gefährdeten Jungpflanzen, lassen sich durch im Handel erhältliche Schnekkenzäune schützen.

Den Befall durch die Weiße Fliege kann man auch im Freiland durch das Aufhängen von Gelbtafeln mindern.

Wo sich pilzliche Erreger bemerkbar machen, müssen vor allem alle befallenen Pflanzenteile entfernt werden. Der Fachhandel bietet außerdem Fungizide auf natürlicher Basis an, übrigens auch gegen Schadinsekten zugelassene organische Mittel, die man in hartnäckigen Fällen einsetzen kann.

Gemüse, Kräuter, Gewürze

Amaranth
Amaranthus-Arten

Aus dieser Gattung ist bei uns vor allem der einjährige Gartenfuchsschwanz (*Amaranthus caudatus*) mit roten oder weißgrünen, überhängenden Blütenständen bekannt. *A. retroflexus* war ein weitverbreitetes Ackerunkraut, das heute allerdings durch Einsatz von Herbiziden (Unkrautbekämpfungsmitteln) selten geworden ist. Mit dem Rückgang der Spritzungen dürfte das Kraut, vor allem in wärmeren Klimaten, aber wieder öfter zu sehen sein. Schon in vorchristlicher Zeit wurde der Amaranth in Griechenland und Italien als Gemüsepflanze genutzt. Im Mittelalter kannte man ihn bei uns unter dem Namen Blitum oder Meyer und richtete die Blätter wie Spinat an, der ihn später fast völlig aus der Küche verdrängte. In Asien, Zentral- und Südamerika wird die Pflanze heute noch als Gemüse genutzt (Rantampala, Inkaweizen), teilweise werden auch die stärkehaltigen Körner, die beim Erhitzen wie Puffmais aufplatzen, vermischt mit Honig oder Sirup verzehrt; in Indien heißt dieses Gericht »Laddoo«.

Wer die Zierformen *A. caudatus* oder *A. hypochondriacus* mit der wunderschönen, tiefdunkelrot blühenden Sorte 'Sanguineus Monstrosus' bereits im Garten hat, kann den Geschmack der Blätter als Spinatersatz einmal auspro-

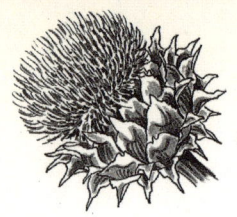

Gemüse, Kräuter, Gewürze

bieren. Am einfachsten ist es, nach Mitte Mai direkt in den Garten auszusäen. Außer einem warmen, sonnigen Platz und reichlich Feuchtigkeit werden keine weiteren Ansprüche gestellt, Düngung kann in nährstoffreichem Boden entfallen, Anhäufeln verbessert die Standfestigkeit der hochwachsenden Pflanzen. Die Blätter pflückt man den ganzen Sommer über.

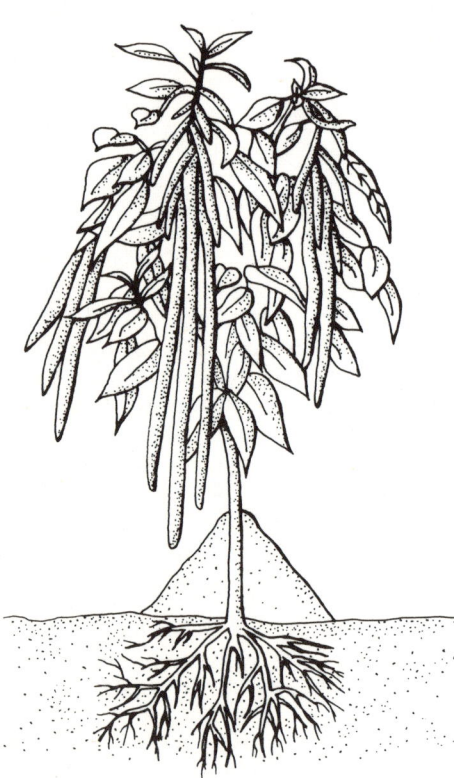

Artischocke
Cynara scolymus

Man kann darüber streiten, ob man diese bis zu über 2 m hohen Stauden mit den mehr als faustgroßen, blauen Distelblüten im Hausgarten den Zier- oder den Nutzpflanzen zuordnen soll. Wer den sommerlichen Flor der Pflanze mit den riesigen, tiefgeschlitzten, grau- bis silbergrünen Blättern einmal erlebt hat, wird sich wahrscheinlich überlegen, ob er sie ihrer in der Küche genutzten Blütenknospen berauben und damit auf das ungewöhnliche Farbspektakel verzichten soll. Besonders vor einer hellen Kulisse, z.B einer weißen Hauswand, sind blühende Artischocken ein Blickfang, der alles andere verdrängt. Trägt der Gourmet den Sieg davon, müssen die noch geschlossenen Blütenknospen abgeschnitten werden; die fleischigen Blütenblätter und der Knospenboden gelten, in Salzwasser gekocht und mit verschiedenen Soßen serviert, als Delikatesse.
Sofern man nicht Jungpflanzen in der Gärtnerei oder auf dem Wochenmarkt ersteht, wird im März bei 20 Grad Celsius Bodenwärme im Gewächshaus oder am Zimmerfenster ausgesät und anschließend vereinzelt. Die Pflanzung in den Garten erfolgt mit 1 m Abstand ringsum nicht vor Mitte Mai. Artischokken brauchen einen warmen, sonnigen,

Die Standfestigkeit des hochwachsenden Amaranth läßt sich durch Anhäufeln erhöhen.

Um Frostschäden zu vermeiden, kann man die Artischocke im Herbst abschneiden und die Pflanzstelle mit Stroh, Laub und Nadelstreu schützen.

geschützten Platz mit nahrhaftem, tiefgründigem Boden. Da Nährstoff- und Wasserbedarf hoch sind, muß regelmäßig gedüngt und reichlich gegossen werden. Im ersten Jahr ist die Blüte, wenn sie überhaupt erfolgt, so spärlich, daß eine Ernte nicht lohnt. Da Artischocken nicht überall zuverlässig winterhart sind, schneidet man die Blüten und Blätter im Herbst dicht am Boden ab und bedeckt die Pflanzstelle mit Laub, Stroh oder einem ähnlichen Material. In sehr rauhen Lagen kann man den Wurzelstock ausgraben und im Keller oder Frühbeet in leicht feuchtem Sand überwintern. Wer Artischocken nur wegen ihrer Schönheit pflanzt und zudem in einer Gegend mit mildem Klima wohnt, läßt die Pflanze im Herbst,

so wie sie ist. Ihre ornamentalen Blätter sehen, von Rauhreif überzogen oder mit Schnee überpudert, außerordentlich attraktiv aus. Sie werden dann erst im Frühjahr vor dem Neuaustrieb bodennah abgeschnitten. Die Vermehrung kann, außer durch Samen, auch durch Teilung oder Wurzelschößlinge erfolgen.

Aubergine, Eierfrucht
Solanum melongena

Die Herkunft aus dem tropischen Ostindien deutet schon darauf hin, was dieses Nachtschattengewächs mit den länglich-walzen- oder eiförmigen, je nach Sorte weißen, gelben, purpurvioletten bis fast schwarzen Früchten vor allem braucht: viel Wärme, ein Bedarf, der den von Paprika noch übersteigt. Wer sichergehen will, baut Auberginen deshalb unter Glas oder Folie an, nur in sehr milden Gegenden kann auch Freilandkultur zum Erfolg führen – sofern der Sommer nicht kühl und verregnet ist.
Wem kein Gewächshaus oder höherer Folientunnel (einfacher Eigenbau aus ein paar Latten und Transparentfolie) zur Verfügung steht, sollte vorsichtshalber Kübelpflanzung bevorzugen, weil man die Behälter dann während Schlechtwetterperioden an einen geschützten Platz umräumen kann. Eine frühzeitige warme Vorkultur ab Anfang März bringt kräftige Pflanzen, die ab Mitte April ins Gewächshausbeet gesetzt werden können, fürs Freiland

sollte etwa zwei Wochen später ausgesät werden. Pflanzabstand für hochwachsende Sorten 60 x 60 cm, für kleinere, gedrungene 30 x 30 cm. Bei der Kultur im Garten hat sich die Pflanzung auf schwarzer Mulchfolie und der Einsatz von Tomatenhauben bewährt, um den Witterungsunbilden entgegenzuwirken. Außer bei eintriebiger Kübelkultur beläßt man den Auberginen nur 3 oder 4 Triebe und bricht alle Geiztriebe aus; auch zu dicht stehende Blüten werden ausgedünnt, da die Pflanze kaum mehr als 6 bis 8 Früchte voll ausbilden kann – oder man muß sich auf zahlenmäßig mehr, aber kleinere Auberginen einrichten. Stäbe bzw. im Gewächshaus Schnüre geben den notwendigen Halt. Der Boden sollte schon vor der Pflanzung gut mit Kompost oder einem anderen organischen Dünger versorgt sein, ab der Fruchtbildung gießt man mehrmals mit Pflanzenjauche oder einem Flüssigdünger. Geerntet wird erst, wenn die Schale der Früchte eine matte Färbung annimmt, unreife Früchte können mehr Solanin enthalten, als der Gesundheit zuträglich ist.

Bärlauch, Wilder Knoblauch
Allium ursinum

In schattigen, bodenfeuchten Laubwäldern kann dieses 20–50 cm hohe Liliengewächs weitläufige Matten bilden, Stellen, die man wegen des deutlich wahrnehmbaren Knoblauchgeruchs kaum verfehlt. Wer die Standorte kennt, hat keine Mühe, die jungen Blätter vor der Blüte im Mai/Juni zu sammeln und sie wie Schnittlauch auf Butterbrot zu essen oder anderen Speisen beizufügen. Im Vergleich zu den Knoblauchzehen ist das typische Aroma milder und weniger intensiv.

Ausgesät wird breitwürfig von August bis Februar, da die Samen als Kaltkeimer Frosteinwirkung benötigen. Geeignet sind Schattenplätze, z.B. unter Gehölzen, die man sonst nicht recht zu nutzen weiß. Zur Zeit des Flors ist der Platz dann mit weißen Sternblüten übersät, bald danach ziehen die Blätter ein. Da sich Bärlauch selbst aussät, wird sich der Bestand im Lauf der Zeit vergrößern. Wird die Pflanze störend, lassen sich Zwiebelchen herausnehmen und an einer anderen, vielleicht besser geeigneten Stelle in den Boden legen.

Bleichsellerie
Apium graveolens var. *dulce*

Die ältesten Belege für die Kultur von Sellerie finden sich im alten Ägypten des 1. vorchristlichen Jahrtausends. Bei den Römern war diese Pflanze nachgewiesenermaßen überaus beliebt, bei uns wird sie als *Apium* (Eppich) in den Anbauempfehlungen Karls d. Großen (Capitulare de villis) aufgeführt, diente damals aber vor allem als Arzneipflanze. Erst ab dem 17. Jahrhundert taucht Sellerie auf dem Speisezettel unserer Vorfahren auf, wobei sich offenbar die Italiener in der Züchtung spezieller Knollen- und Bleichsellerieformen her-

Cardy

vortaten. Auch heute wird dieses Bleichgemüse in der italienischen und französischen Küche, gedünstet oder roh, mehr geschätzt als bei uns, wo Knollensellerie immer noch den Vorzug genießt.

Sellerie wünscht einen gleichmäßig feuchten, humosen, sehr nahrhaften, tiefgründigen und nicht zu sauren Boden; im Bedarfsfall sind schon im Herbst vor der Pflanzung abgelagerter Stallmist oder ein organischer Handelsdünger bzw. reichlich Kompost einzuarbeiten. Ausgesät wird im April unter Glas, später in kleine Töpfe pikiert und im Juni ins Freiland gepflanzt, selbstbleichende Sorten ziemlich eng mit 30 x 30 cm Abstand, damit die Blattstiele in die Länge wachsen und gut bleichen. Ältere Sorten pflanzt man in 40 cm voneinander entfernte, etwa 20 cm tiefe Furchen, Pflanzenabstand 20 cm. Mit fortschreitendem Wachstum werden die Gräben nach und nach zugeschüttet. Man kann auch wie üblich pflanzen und die Stiele später anhäufeln oder Manschetten aus schwarzer Folie bzw. einem anderen, lichtabweisenden Material darum binden (siehe auch rechts). Während der gesamten Kulturdauer ist für gleichmäßige Feuchtigkeit zu sorgen.

Cardy, Kardone
Cynara cardunculus

Wie beim Bleichsellerie werden auch vom Cardy die gebleichten Stiele in der Küche verwendet. Nach dem Abkochen in Salzwasser kann man sie als Salat oder Gemüsebeilage zubereiten. Die an sich ausdauernde, nahe mit der Artischocke verwandte Art wird als Gemüse meist nur einjährig kultiviert, kann aber auch als ansehnliche Schmuckstaude solitär oder als Gruppe im Ziergarten stehen. Die Blütenknospen des aus den Mittelmeerländern stammenden Korbblütlers sind nicht genießbar. Es bestehen zwei Aussaatmöglichkeiten: Entweder warme Vorkultur ab Anfang April bei Temperaturen bis 20 Grad Celsius und Auspflanzung nach Mitte Mai aufs sonnige Beet, oder Direktsaat im Freiland Anfang Mai, Abstand 1 x 1 m. Wie bei der Artischocke

Zum Bleichen werden die Cardystengel zusammengebunden und mit einem lichtabweisenden Material umhüllt.

23

muß der Boden sehr nährstoffreich sein, eine Grunddüngung mit organischen Düngern empfiehlt sich. Etwa Ende August/Anfang September beginnt man mit dem Bleichen. Dazu werden die Blattstiele an einem trockenen, warmen Tag zusammengebunden und mit Wellpappe, schwarzer Folie oder auch Langstroh umhüllt. Der Bleichvorgang dauert etwa einen Monat, und da Cardy nicht sehr kälteempfindlich ist, die Umhüllung zudem vor leichten Frösten schützt, sollte man die einzelnen Pflanzen nach und nach einpacken, um die Erntezeit zu verlängern.

Erdbeerspinat
Blitum capitatum syn.
Chenopodium capitatum

Der Name bezieht sich auf die kleinen, Walderdbeeren ähnelnden Früchte und auf die Blätter, die wie Spinat zubereitet werden. Die hübsch anzusehenden Fruchtkugeln täuschen Wohlgeschmack jedoch nur vor. Sie sind ohne Aroma und ziemlich fade, kommen für den Verzehr also nicht in Frage. Anders die Blätter der 25–30 cm hohen, einjährigen Pflanze, die in Sonne wie Halbschatten gedeiht und keine besonderen Ansprüche stellt.
Da man von März bis August aussäen und nach etwa 6 Wochen zum erstenmal ernten kann, hatte *Blitum* früher, als es noch keine schoßfesten Sommerspinatsorten gab, durchaus seine Berechtigung im Hausgarten. Heute werden wieder Samen angeboten, die für Liebhaber seltener Blattgemüse interessant sein können. Die Pflanze stammt vermutlich aus Nordamerika, hat sich aber in ganz Europa wildwachsend verbreitet.

Erdmandel
Cyperus esculentus

Die Pflanze gehört zur selben Gattung wie die bekannten Zypergräser, die als Zierpflanzen vor allem im Wassergarten geschätzt und bekannt sind. Es handelt sich also um ein Gras, beheimatet im südlichen Mittelmeerraum, in Indien, Amerika und dem tropischen Afrika. Nutzbar sind die kleinen, nußartig schmeckenden Wurzelknöllchen, die man roh, gekocht oder geröstet ißt, aber in mediterranen Ländern auch zur Ölbereitung Verwendung finden. Die Spanier, die *Cyperus esculentus* als Nutzpflanze anbauen, bereiten aus den Knöllchen ein Getränk (Horchata de Chufa) und Speiseeis. Ansonsten ist die Pflanze in allen tropischen und subtropischen Ländern als lästiges Unkraut wenig geschätzt.
Am einfachsten ist es, die Knöllchen ab Mitte Mai in Horsten zu 6–8 Stück etwa 5 cm tief auszulegen, Abstand von Horst zu Horst 40 cm. Eine Vorkultur in Töpfen Anfang April ist ebenfalls möglich, lohnt aber nur in Gegenden mit einem langen Nachwinter. Die wärmeliebenden Zypergrasgewächse sollten möglichst sonnig stehen, ausreichend gegossen und von Unkraut freigehalten werden. Eine zusätzliche Düngung ist in

Grünspargel

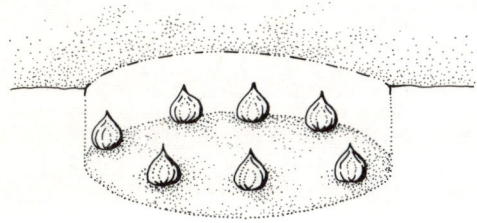

Die Knöllchen der Erdmandel legt man am besten zu mehreren in Horsten aus.

normalem, gepflegtem Gartenboden nicht erforderlich. Geerntet wird im Spätherbst, indem man die ganzen Horste mit der Grabegabel aus dem Boden hebt und die Knöllchen ausschüttelt. Ohne Reinigung, also mit der anhaftenden Erde, halten sie sich, trocken

und kühl, aber frostfrei aufbewahrt, längere Zeit, als Steckgut auch bis zur nächsten Saison.

Grünspargel
Asparagus officinalis

Wie viele Gemüsearten und Kräuter, die heute ausschließlich in der Küche genutzt werden, war auch der Spargel früher vor allem als Heilpflanze be-

Da Grünspargel (links) auf gartenüblichen Flachbeeten wächst, macht seine Kultur weniger Mühe als die von Bleichspargel (rechts), für den Wälle aufgeworfen werden müssen.

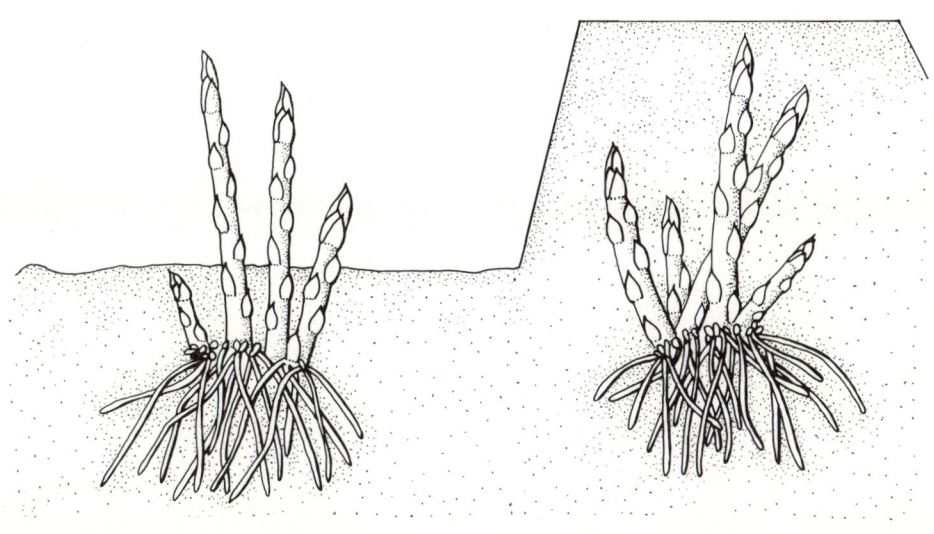

Gemüse, Kräuter, Gewürze

kannt, wurde ab dem 16. Jahrhundert aber auch als Gemüse geschätzt und zuerst in den Klostergärten angebaut. Spätestens um die Mitte des 19. Jahrhunderts unterschied man bereits zwischen Bleich- und Grünspargel, die zur selben Art zählen, aber in unterschiedlichen Sorten angeboten werden; es ist jedoch ohne weiteres möglich, Bleichspargel wie Grünspargel zu kultivieren, was besonders in den räumlich meist beengten Hausgärten zu empfehlen ist; denn Grünspargel wächst ebenerdig, der mühevolle Anbau in Gräben und später Dämmen, die jedes Jahr wieder einzuebnen und dann erneut aufzuwerfen sind, entfällt.

Am einfachsten und praktischsten ist der Kauf von Jungpflanzen, nicht zuletzt, weil man dadurch ein Jahr bis zur ersten Ernte einspart. Bei eigener Anzucht aus Samen wird Anfang April auf ein sonniges Extrabeet im Reihenabstand von 30 cm, Abstand von Pflanze zu Pflanze 20 cm, gesät und regelmäßig gegossen. Erst im darauffolgenden Jahr erfolgt die eigentliche Pflanzung auf den vorgesehenen sonnigen, warmen Platz, auf dem die Spargelpflanzen im Abstand von 80 (Reihen) x 30 (Pflanzen) etwa 10 cm tief zu stehen kommen. Der Boden sollte vorher tief umgegraben und gut mit Kompost, Horn- und Knochenmehl oder anderen organischen Düngern versorgt werden. Während der gesamten Kulturdauer sind die verbrauchten Nährstoffe durch Düngung immer wieder zu ersetzen, außerdem ist regelmäßig zu wässern. Geerntet wird ab dem 3. Standjahr von April/

Mai bis gegen Ende Juni, im 1. Ertragsjahr, um die Pflanzen nicht zu schwächen, besser bis Anfang Juni. Dazu schneidet man die Stangen (heranwachsende Sprosse) mit einem scharfen Messer dicht unter dem Erdboden ab.

Gurken-Spezialitäten
Cucumis sativus

Das Gurkensortiment für den Hausgarten geeigneter Sorten wächst von Jahr zu Jahr, ein einziger namhafter Züchter bietet allein über 14 Spielarten an. Man unterscheidet Freiland- und Gewächshausgurken und hierunter wiederum Schälgurken (Senfgurken) und Einlegegurken, Salat- und Schlangengurken. Einige davon eignen sich für die Kultur in Behältern auf Balkon oder Terrasse, viele der modernen Züchtungen bringen ausschließlich oder überwiegend weibliche Blüten, die sich alle zu Früchten entwickeln. Bei uns noch kaum bekannt sind die sogenannten Apfelgurken, die kiwiähnliche Früchte entwickeln. Häufiger findet man Samen von Minigurken angeboten, nur 15 cm lang und als Salatgurken unter Glas zu ziehen. Neben den bekannten grünen, rauhschaligen, warzigen oder glatten gibt es auch gelbe und weiße Gurkenformen.

Alle Gurken brauchen Wärme, reichlich Feuchtigkeit und Nährstoffe, sind aber empfindlich gegen Düngesalze und Chlor. Man düngt deshalb nur organisch und arbeitet bereits bei der

Haferwurzel

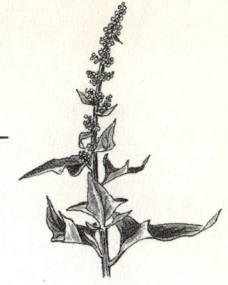

Bodenvorbereitung, falls erhältlich, verrotteten Stallmist, sonst organische Dünger und/oder Kompost ein. Früher hob man zur Freilandpflanzung einen Graben aus, füllte ihn mit Pferdemist und schüttete darüber noch einen Pflanzhügel mit nahrhafter Erde auf. Heute kann man sich mit schwarzer Mulchfolie behelfen, die an den Pflanzstellen mit Kreuzschnitten versehen wird. Nachgedüngt wird dann später flüssig, z.B. mit Brennesseljauche oder in Wasser aufgelöstem Trockendung. Gießen sollte man die empfindlichen Pflanzen reichlich, aber stets mit angewärmtem, luftwarmem Wasser. Aussaat ins Freiland nicht vor Mitte Mai, entweder in Horsten mit 30 cm Abstand, wobei 4–5 Samenkörner 2–3 cm tief gelegt werden; oder in Reihen, eine Reihe pro 1,20-m-Beet, Abstand der Körner 30 cm. Es ist auch möglich, ab Anfang April eine warme Anzucht im Haus oder unter Glas vorzunehmen. Vorteilhaft ist auch eine Kultur im Frühbeet, wobei man jeder Pflanze einen Quadratmeter Platz einräumt und die Ranken entspitzt, wenn sie die Kastenwand oder eine Nachbarpflanze erreicht haben. Beim Anbau im Gewächshaus werden die 50 cm auseinander stehenden Gurken an Schnüren hochgeleitet; man entspitzt den Mitteltrieb, sobald er die Glasabdeckung erreicht hat und später auch die Seitentriebe, wenn sich dort die erste Frucht entwikkelt hat. Mehr als eine Gurke pro Trieb sollte wegen der Fruchtqualität nicht erhalten bleiben. Achten Sie beim Saatkauf auf spezielle Gewächshaussorten.

Guter Heinrich
Chenopodium bonus-henricus

Das bis zu 70 cm hohe, ausdauernde Gänsefußgewächs kommt wildwachsend auf der gesamten Nordhalbkugel vor, findet sich auf Schuttplätzen, an Wegrainen, Feldrändern und war früher allgegenwärtig, daher auch sein weiterer Name Dorf-Gänsefuß. Die gestielten, pfeilförmigen Blätter werden vom Frühjahr bis zur Blüte im Sommer gesammelt und wie Spinat zubereitet.
Man kann gegen Ende März, aber auch im September/Oktober direkt ins Freiland aussäen und auf einen Abstand, von 50 x 50 cm vereinzeln oder die Pflanzen separat auf einem Saatbeet heranziehen und erst später im genannten Abstand versetzen. Besondere Pflege ist nicht erforderlich, doch fördern nahrhafter Boden und Kompostgaben Wuchs und Blattertrag. Da sich die Staude durch Aussamen selbst vermehrt, muß man etwas aufpassen, daß sie nicht im Garten verwildert.

Haferwurzel, Weißwurzel
Tragopogon porrifolius

Die zweijährige Pflanze gehört zur selben Gattung wie der Wiesenbocksbart (*Tragopogon pratensis*), dessen süß schmeckende Wurzel früher übrigens auch in der Küche Verwendung fand. Bereits im vorchristlichen Griechenland wurde die Haferwurzel wegen ihres angenehmen Geschmacks gerühmt, Albertus Magnus (13. Jahrhundert)

nennt sie Schweinsauge, und in den Gartenbüchern aus der Mitte des vorigen Jahrhunderts hat sie als Wurzelgemüse und Kaffee-Ersatz einen festen, wenn auch nicht herausragenden Platz, da man bereits damals der Schwarzwurzel den Vorzug gab.

Feldmäßig soll sie bei uns noch 1929 angebaut worden sein, und in England wird sie heute noch in den Gärten als »Vegetable Oyster« (Gemüseauster) gezogen. Der Name bezieht sich auf den feinen Duft, den die weißfleischige Haferwurzel während des Kochens verströmt. Man kann sie wie Schwarzwurzeln als Gemüse zubereiten oder als Suppenbeilage verwenden.

Ausgesät wird im April direkt aufs Beet im Reihenabstand von 30 cm, in der Reihe ist auf 15 cm zu vereinzeln. Die 25–30 cm langen und etwa 3 cm dikken Wurzeln werden im Spätherbst geerntet. Wenn die Pflanzen den Winter überdauern und im darauffolgenden Jahr in Blüte gehen, sind die Wurzeln so stark verholzt, daß eine Nutzung nicht mehr in Frage kommt.

Kichererbse
Cicer arietinum

Während die auch als Kicher oder Cicer bekannten Leguminosen (Hülsenfrüchte) in Südeuropa, Kleinasien und Asien eine wichtige Nahrungspflanze darstellen, sind sie bei uns heute so gut wie unbekannt und wurden auch vom Mittelalter bis ins 19. Jahrhundert nur in sehr warmen Gegenden angebaut. Ge-

trocknet kann man die proteinreichen Körner im Feinkosthandel kaufen, muß sie aber vor dem Kochen einen Tag lang in Wasser einweichen, damit sie genießbar werden. Die Garzeit beträgt etwa eine halbe Stunde. In Spanien, Südfrankreich und dem Orient gibt es Spezialgerichte aus Kichererbsen.

In klimatisch milden Gegenden und an einem warmen, geschützten Platz sät man ab Mitte Mai direkt in 30 cm voneinander entfernte Reihen aufs Beet, der Pflanzenabstand soll gleichfalls 30 cm betragen. Auch eine warme Vorkultur ab April ist möglich. Die etwa 40 cm hohen Pflanzen sind weder besonders feuchtebedürftig, noch benötigen sie zusätzlichen Dünger, da sie den für die Entwicklung wichtigen Stickstoff wie alle Leguminosen mit den an den Wurzeln lebenden Knöllchenbakterien selbst produzieren. Wegen der Kälteempfindlichkeit sollte man Folien oder Tunnel zum Abdecken bereit halten. Geerntet wird etwa 6 Monate nach der Aussaat, sobald sich die Hülsen gelb färben. Da dieser Zeitpunkt bei uns sehr spät liegt, nimmt man die Pflanzen besser schon vorher aus dem Boden und läßt die Kichern an einem regengeschützten Platz nachreifen.

Knollenziest, Japanische Kartoffel
Stachys affinis syn. *S. sieboldii*

Die aus China stammende Pflanze, von der man die verdickten Ausläuferknollen in der Küche gekocht oder fritiert als

Löffelkraut

Beilage zu anderen Gerichten ißt, wird in Japan und China als Gemüse geschätzt.

Man legt die Knöllchen im April im Abstand von 40 cm in humosen, nährstoffreichen Boden, am besten in Horsten mit 2–3 Stück. Die Pflanzen sind hinsichtlich der Wasser- und Nährstoffversorgung nicht sehr anspruchsvoll, dennoch muß das Erdreich stets leicht feucht gehalten und bei Bedarf nachgedüngt werden. Halbschatten wird noch vertragen. Die Ernte für den baldigen Verbrauch erfolgt im September/Oktober; läßt man einige Knöllchen gleich im Boden, ist für Nachwuchs im Folgejahr gesorgt.

Kubaspinat, Winterportulak, Postelein
Montia perfoliata

Dieses anspruchslose Gemüse stammt ursprünglich aus Nordamerika, daher auch der weitere Name Indianersalat. Man verwendet es als Salat oder mischt die leicht säuerlich schmeckenden Blätter der einjährigen, 15–20 cm hohen Pflanze anderen Salaten bei.

Ausgesät wird ab April dünn in 10 cm voneinander entfernten Reihen oder breitwürfig, wobei man dann die schwächeren Pflänzchen ausdünnt und zuerst verwendet. Bei Saaten im August/September kann man den ganzen Winter hindurch frisches Grün schneiden, wenn das Beet mit Fichtenreisig abgedeckt wird. Lohnend ist auch die Winternutzung von Gewächshaus oder

Frühbeet, weil das Kraut dort meist keine Wachstumspause macht und immer neue Blätter treibt. Da der Samen in sommerlicher Hitze ohnedies Keimschwierigkeiten hat und in dieser Zeit andere Blattgemüse zur Verfügung stehen, ist der Kubaspinat für die Winternutzung sicher am interessantesten.

Winterportulak wächst in jedem Gartenboden, zieht Halbschatten der prallen Sonne vor, braucht keine zusätzliche Düngung und sollte nur regelmäßig von lästiger Unkrautkonkurrenz befreit werden.

Löffelkraut
Cochlearia officinalis

Gleich dem Kubaspinat eignet sich der würzige, 10–20 cm hohe Kreuzblütler sehr gut für den Schnitt der Blätter im Winter, wenn man die zweijährig kultivierten Pflanzen leicht mit Fichtenreisig oder Stroh abdeckt.

Als Beigabe zu anderen Salaten, zu Gemüsesuppen oder einfach aufs Brot gestreut, kommt das etwas dem Rettich oder Kresse ähnelnde Aroma der frischen Blätter angenehm zur Geltung.

Entweder im März/April oder im August für die Winterkultur sät man dünn in Reihen mit 20 cm Abstand aus. Da das weißblühende Löffelkraut in ganz Nordeuropa an feuchten Plätzen der Meeresküsten wild vorkommt, ist eine gute, beständige Bodenfeuchte die einzige Bedingung, die es an die Pflege im Garten stellt.

Löwenzahn
Taraxacum officinale

Die Pusteblume der Kinder ist vor allem Rasenliebhabern als lästiger Mitbewohner bekannt, dessen Beseitigung immer etwas problematisch ist, weil man die Pflanze mitsamt der langen Pfahlwurzel ausstechen muß; der grüne Teppich sieht an diesen Stellen eine Zeitlang immer leicht zerrupft aus. Außerdem muß man aufpassen, daß der Korbblütler nicht in Blüte geht und später die Samen an den weißen Fallschirmen über den ganzen Garten verteilt. Diese Vorsichtsmaßnahme gilt natürlich auch für kultivierte Pflanzen, von denen es jetzt spezielles Saatgut zu kaufen gibt. In der französischen Küche gilt Löwenzahnsalat seit langem als delikates Blattgemüse, bei uns war er lange Zeit nur Freunden der Wildkräuterküche bekannt.

Man erntet die jungen Blättchen im Frühjahr, später werden sie bitter und sind ungenießbar. Die Aussaat erfolgt in Reihen im April des Vorjahres. Kräftige Pflanzen mit starken Wurzeln kann man auch im Herbst ausgraben und wie Chicorée in einem Eimer mit sandiger Erde und mit dunkler Folie oder Pappe abgedeckt im Keller treiben lassen. Eine andere Möglichkeit besteht darin, die Blätter im Herbst abzuschneiden, die Pflanzen mit Erde anzuhäufeln und die zarten jungen Triebe im Frühjahr für die Küche zu schneiden. Besondere Pflegemaßnahmen sind nicht zu beachten, nur sollte man bei anhaltender Trockenheit wässern.

Bei der Luftzwiebel lassen sich die kleinen, oberirdischen Brutzwiebelchen in der Küche und zur Vermehrung verwenden.

Luftzwiebel, Etagenzwiebel, Ägyptische Zwiebel
Allium cepa var. *viviparum*

Die Herkunft dieser Art, die im Durchmesser 3 cm große Zwiebelchen an 30–40 cm hohen Schlotten (Zwiebelblättern) bildet, ist unbekannt. Sie kann nicht durch Samen, sondern nur mit Hilfe dieser »Luftzwiebeln« vermehrt werden, die bereits an der Mutterpflanze Wurzeln bilden, später abfallen und so für Nachwuchs sorgen. Man kann die

Mungbohne

Brutzwiebeln wie andere Zwiebeln in der Küche verwenden, außerdem die Schlotten ähnlich Schnittlauch als Würze nutzen, an geschützten Stellen und in milden Gegenden sogar den Winter über.

Gesteckt wird im März/April 3 cm tief in 40 cm voneinander entfernte Reihen, Pflanzabstand 20 cm. Geeignet ist jeder, auch sehr magerer Boden, als Düngung genügt eine Versorgung mit Kompost. Der Platz sollte möglichst sonnig sein.

Melde
Atriplex hortensis

Wahrscheinlich kam die Gartenmelde als Gemüsepflanze mit den Römern über die Alpen, denn in Griechenland und Rom war sie in der Küche bereits geschätzt, als sie im übrigen Europa nur ein Dasein als Wildkraut fristete. Die einjährige Pflanze kann bis zu 2 m in die Höhe wachsen, gedeiht in jedem Boden und auch noch im Halbschatten, allerdings läßt anhaltende Trockenheit die Blätter, die man wie Spinat zubereitet, hart werden.

Eine Aussaat ist bis zum Oktober für die Ernte im nächsten Frühjahr möglich. Im Samenhandel werden gelegentlich grün- und gelbblättrige Sorten angeboten, die man, bei planmäßigem Anbau, in Reihen mit 30 cm Abstand sät und später in der Reihe auf 20 cm vereinzelt. Damit sich mehr und größere, saftige Blätter entwickeln, kann man die Spitze des Haupttriebs abbrechen.

Mungbohne
Vigna radiata var. *radiata*

In Indien, Malaysia und China gehört dieser Hülsenfrüchtler zu den beliebtesten Körnerleguminosen und hat außerdem Bedeutung als Gründüngungs- und Futterpflanze. Bei uns werden Mungbohnen vor allem als Keimsprosse genutzt, die man im Winter auf dem Fensterbrett in mit Wasser gefüllten Gefäßen, z. B. Einweckgläsern, oder speziellen Keimboxen (siehe auch S. 41) aus dem Gartenhandel heranziehen kann. Die vitamin- und mineralhaltigen Sprosse passen besonders gut zu chinesischen Gerichten, sie lassen sich aber auch als Rohkost oder Beilage zu Suppen und Soßen verwenden. Die Mungbohnen werden wie Kochbohnen genutzt.

Die wärmebedürftigen Mungbohnen dürfen nicht vor Mitte bis Ende Mai auf einen sonnigen, geschützten Platz ins Freiland ausgesät werden und sollten gegebenenfalls zu Beginn einen Folien- oder Vliesschutz erhalten. Reihenabstand wie bei Buschbohnen 40 cm, in der Reihe von Pflanze zu Pflanze 10 cm oder Horstsaat, bei der 5 Körner pro Horst im Abstand von 40 cm gelegt werden. Anhäufeln der heranwachsenden Pflanzen ist günstig (siehe auch S. 20). Mungbohnen benötigen keine Kletterhilfe, die Horstsaat verbessert aber die Standfestigkeit der Pflanzen, die sich durch den engen Pflanzabstand gegenseitig stützen. Geerntet wird im August/September, die Samen sind wie andere Kochbohnen unbegrenzt haltbar.

Gemüse, Kräuter, Gewürze

Okra
Abelmoschus esculentus

Lady's Finger und Gombo sind andere Namen für dieses wärmeliebende Malvengewächs aus dem tropischen Afrika und Asien, das in den Anbauländern einen beträchtlichen Handelswert darstellt. Die länglichen, spitz zulaufenden Fruchtschoten werden wie Paprika gekocht oder gedünstet und als Gemüse angerichtet bzw. anderen Speisen zugefügt; auch gefüllt lassen sie sich zubereiten.

Bei der Kultur kann man sich an Paprika und Tomaten orientieren, d. h., man sät im März bei etwa 20 Grad Celsius aus, pikiert die Jungpflanzen in 10-cm-Töpfe und setzt sie nach Mitte Mai im Abstand von 50 cm in 60 cm voneinander entfernte Reihen. Wie bei allen südländischen Gemüsen ist eine Abdekkung mit Folie, Vlies oder einem Tunnel empfehlenswert. Der Boden des Beets sollte im Herbst zuvor mit verrottetem Stallmist oder Kompost angereichert werden, da Okra einen relativ hohen Nährstoffbedarf haben. Am sonnigen Platz ist für gleichmäßige Bodenfeuchtigkeit zu sorgen und einige Male mit Brennesseljauche oder einem organischen Flüssigdünger nachzudüngen. Etwa ab Ende Juli/Anfang August werden die Samenfrüchte, wenn sie eine Länge von 8–10 cm erreicht haben, geerntet, was schon bald nach dem Abblühen der Fall ist. Da immer neue, hibiskusähnliche Blüten erscheinen, kann man die Fruchtschoten über einen längeren Zeitraum abschneiden.

Besonders bei jungen Okra-Pflanzen ist eine Übertunnelung günstig.

Pak Choi,
Chinesischer Senfkohl
Brassica rapa ssp. *chinensis*

Mit dem Chinakohl verwandt, bildet Pak Choi jedoch keine Köpfe, dafür dickfleischige Blattstiele, ähnlich dem Mangold, die auch auf dieselbe Weise zubereitet werden. Das Gemüse ist in unserem Sortiment noch relativ neu, aber schon mit einigen Sorten vertreten, die mit einer Ausnahme bei frühem Anbau leider zum Schossen neigen.
Deshalb sollte man nicht vor Ende Juli oder Anfang August aussäen. Ab Ende September bis in den Spätherbst hinein kann dann geerntet werden. Die erwähnte Ausnahme bildet die F1-Hybride 'Joi-Choi', bei der ein Anbau bereits im Juni möglich ist, ohne daß Schoßgefahr besteht. Gesät wird in Reihen mit 30 cm Abstand und dann auf 20 cm vereinzelt.

Pastinake, Hammelmöhre,
Moorwurzel
Pastinaca sativa

In den letzten Jahren ist dieses Wurzelgemüse, das immer im Schatten der aus derselben Familie stammenden Mohrrübe stand, wieder populär geworden; Samen bietet der Fachhandel in einigen wenigen Sorten an. Bekannt war die Pastinake schon im Mittelalter, beliebter als bei uns vor allem in Frankreich und England; vermutlich ist auch dieser Doldenblütler mit den Römern über die Alpen gewandert. Die kräftige,

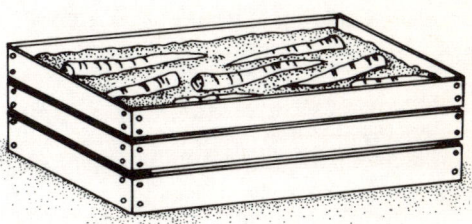

Wie Mohrrüben lassen sich auch Pastinaken frostfrei z. B. in mit Sand gefüllten Kisten gut lagern.

innen weiße, bis zu 30 cm lange Wurzel besitzt einen aromatischen, würzigen Geschmack, der an Mohrrübe und Petersilie erinnert, und wird als Beigabe zu Gemüsesuppen und -gerichten verwendet.
Wegen der langen Kulturdauer von einem halben Jahr und darüber sollte die robuste, zweijährige Pflanze schon früh ausgesät werden, unter Folie oder Tunnel bereits im März, ohne Schutz Mitte April. Vorteilhaft ist ein tiefgründiger, humoser Boden, der vor dem Anbau mit verrottetem Stallmist, Kompost, Horn- und Knochenspänen angereichert wurde. Man sät in 30 cm voneinander entfernten Reihen mit einem Pflanzenabstand von 15 cm nach dem Vereinzeln. Im Lauf der langen Kulturdauer ist öfter zu hacken, zwischen den Reihen wenn möglich Mulch auszubringen und bei Trockenheit zu wässern. Nachdüngungen bis Mitte August, z. B. mit in Wasser auflösendem Trockenmist, verbessern Wachstum und Wur-

zelentwicklung. Geerntet wird ab Mitte Oktober, man kann die mit etwas Fichtenreisig vor Kahlfrösten geschützten Wurzeln aber auch über Winter im Boden lassen und fortlaufend vorsichtig mit der Grabegabel herausheben, was in der Küche gerade benötigt wird. Außerdem lassen sich Pastinaken gleich Mohrrüben hervorragend im Keller oder in der Miete lagern.

Pfeffer
Piper nigrum

Als Heimat dieses bis zu 15 m hoch wachsenden Kletterstrauchs wird Vorderindien vermutet, die größten Exporteure dieses Gewürzes sind heute aber nicht mehr die asiatischen Länder, sondern mit fast 50 000 t jährlich Brasilien. Ob schwarze, weiße oder grüne Körner – sie stammen alle von ein- und derselben Pflanzenart und werden nur auf unterschiedliche Weise aufbereitet. Beim würzigen schwarzen Pfeffer handelt es sich um die getrockneten Körner. Der schärfere, aber weniger aromatische weiße Pfeffer wird durch Rösten der reifen Beeren gewonnen, grüner Pfeffer entsteht durch Einlegen noch grüner Früchte in Salzlake.

Als Tropenbewohner ist die eine hohe Luftfeuchte verlangende Pflanze am besten im beheizten Gewächshaus, geschlossenen, geräumigen Blumenfenster oder warmen Wintergarten aufgehoben, wo die Temperaturen auch im Winter nicht unter 18 Grad Celsius absinken dürfen, besser sind 20 Grad und

mehr. Ein sommerlicher Freilandaufenthalt an einem sonnigen, geschützten Platz setzt gleichmäßig warme Temperaturen voraus, auf die man in unserem Klima meist nicht bauen kann. In jedem Fall sollte man rechtzeitig, nämlich wenn die Nächte wieder kühler werden, einräumen. Zur Ernährung genügen den Sommer über bis etwa August monatliche Gaben eines organischen Flüssigdüngers, auch beim Gießen ist eher Zurückhaltung geboten, da Staunässe zu Wurzelfäule führt; austrocknen darf das humushaltige, durchlässige Substrat freilich auf keinen Fall.

Rechts:
Oben: Von der anspruchslosen Gartenmelde gibt es neben grün- auch gelbblättrige Sorten.
Unten: Mairüben schmecken am besten und sind besonders zart, wenn man sie jung erntet.

Seite 36:
Oben links: »Ladys Finger« ist eine treffende Bezeichnung für die Fruchtschoten der Okrapflanze.
Oben rechts: Wirken die dickfleischigen Stiele und sattgrünen Blätter des Pak Choi nicht schon auf dem Beet appetitanregend?
Unten links: In den Tropen gehören die Knollen der Süßkartoffel oder Batate zu den wichtigsten Nahrungsmitteln.
Unten rechts: Die vitaminreiche, würzige Wasser- oder Brunnenkresse ist leider viel zu wenig bekannt.

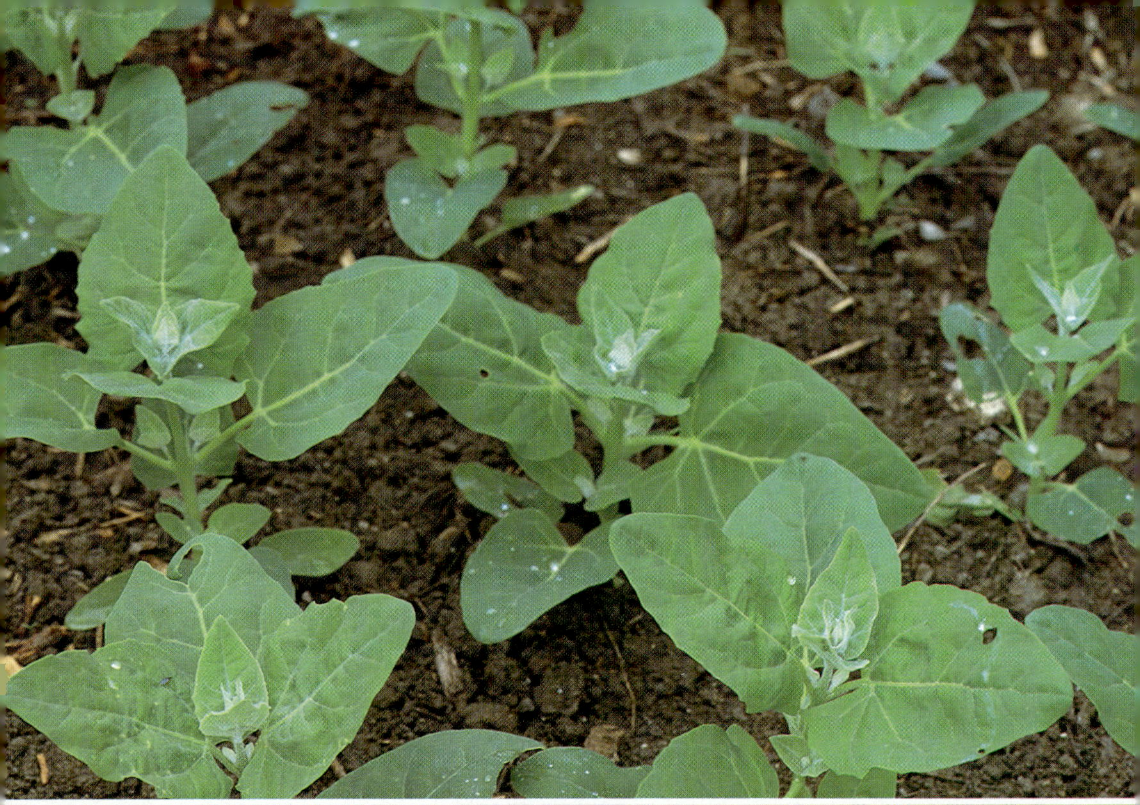

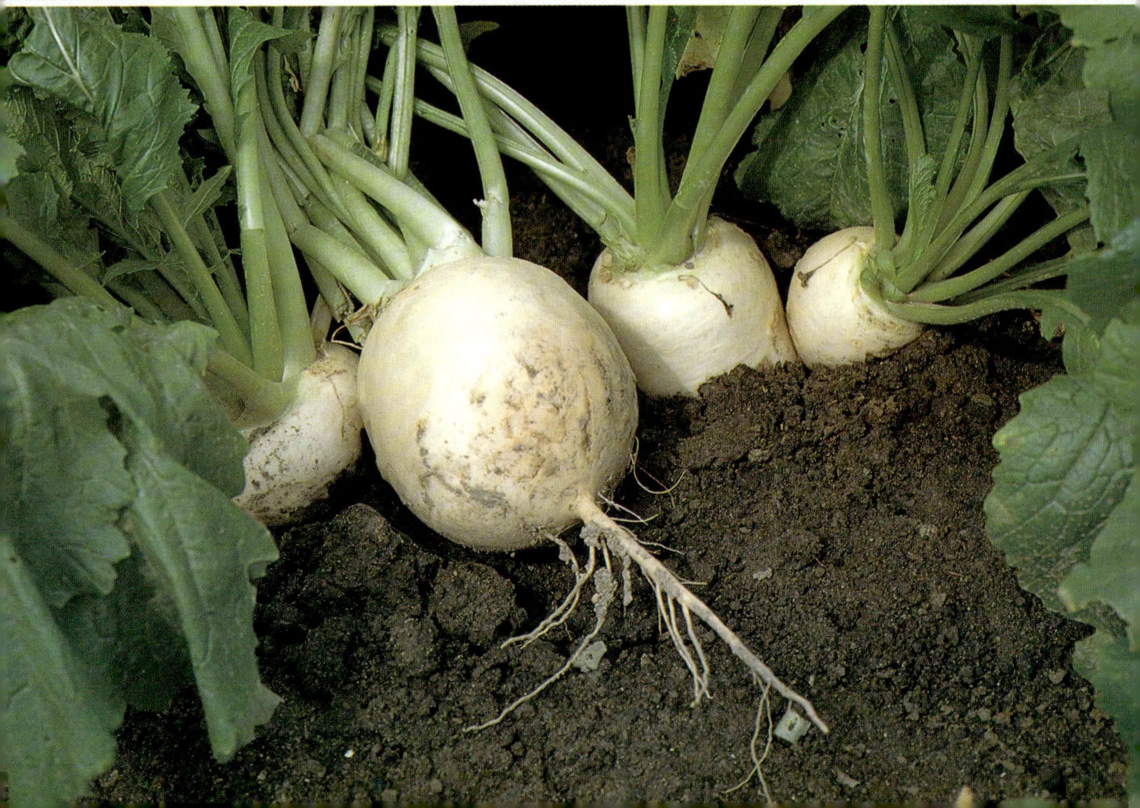

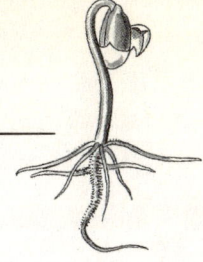

Geerntet und getrocknet werden die sich rötenden Früchte. Vermehrung durch Samen oder Kopfstecklinge, am besten im Anzuchtbeet.

Puffmais, Popcorn
Zea mays convar. *microsperma*

So wie man Kürbiskerne als Leckerei röstet, kann man auch Puffmais in der Pfanne aufspringen lassen und gezuckert oder gesalzen als Knabberei genießen. Eine empfehlenswerte F1-Hybride, die schnell wächst und demzufolge auch bei uns noch gut ausreift, ist 'Peppy'. Die gewöhnlich im Garten angebauten Zuckermais-Sorten sind für diesen speziellen Röstspaß nicht geeignet. Feldmäßig angebauter Mais wird hierzulande fast ausschließlich für Futterzwecke verwendet.

Seite 37:
Oben: Die Zuckerwurzel ist frosthart und kann den ganzen Winter über geerntet, aber auch gut gelagert werden.
Unten: Die als Rübstiel oder Stielmus bezeichneten jungen Blätter der Mairübe geben ein vorzügliches Frühjahrsgemüse ab.

Links:
Oben: Die wohlschmeckenden Früchte der Andenbeere sind von einem Hüllkelch umgeben, der auf die Verwandtschaft mit der bekannten Lampionblume hindeutet.
Unten: Pepinos gehören wie Tomaten zu den Nachtschattengewächsen.

Popcorn sät man am zweckmäßigsten Anfang Mai direkt aufs sonnige Beet, und zwar in Reihen mit 60 cm Abstand, in der Reihe werden 20 cm eingehalten. Man arbeitet bereits vor dem Anbau reichlich organischen Dünger in den Boden ein, wässert während des Wachstums reichlich und düngt eventuell ein- oder zweimal flüssig nach. Da mit einer Kulturzeit von bis zu 6 Monaten gerechnet werden muß, fällt die Ernte in den Herbst.

Rübstiel, Stielmus
Brassica rapa ssp. *rapa*

Bei diesem alten Blattgemüse handelt es sich um die jungen Blätter der Mairübe (siehe auch S. 43), die man zerkleinert, kocht oder dünstet und als Gemüse zubereitet.
Die zweckmäßigerweise breitwürfige Aussaat kann schon im Februar an einem sonnigen bis halbschattigen Platz vorgenommen werden, aber auch dichte Reihensaat mit einem Reihenabstand von 15 cm ist möglich. Unter Glas ist eine Aussaat bereits ab Oktober und dann den ganzen Winter hindurch möglich. Die Ernte liegt etwa 5–6 Wochen nach der Aussaat. Etwa im Mai muß das schnellwachsende Blattgemüse, von dem meist noch eine zweite Ernte durch nachwachsende Blätter erfolgen kann, das Beet räumen. An den Boden werden keine besonderen Ansprüche gestellt, Düngung entfällt in nahrhafter Erde ebenfalls, nur Trockenheit sollte vermieden werden.

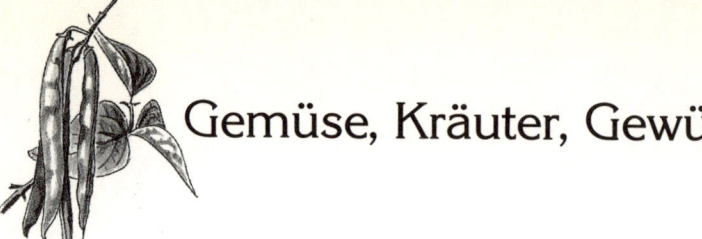

Gemüse, Kräuter, Gewürze

Sauerampfer
Rumex rugosus

Während man früher den wildwachsenden Sauerampfer zur Zubereitung von Suppen oder als Beigabe für andere Gemüsegerichte nutzte, wird heute die Gartenform als Feingemüse angebaut – was übrigens die Franzosen, ähnlich wie beim Löwenzahn, schon lange praktizieren. Dort dient die milde Würze zur Verfeinerung von Salaten, Soßen und Fleischgerichten. Die säuerlichen Blätter können und sollen bereits von jungen Pflanzen geschnitten werden, weil sie dann am besten schmecken und am zartesten sind. Da es sich um eine winterharte Staude handelt, kann Sauerampfer mehrere Jahre an seinem Platz bleiben.

Gesät wird von April bis Juli/August in 30 cm voneinander entfernten Reihen und vereinzelt dann auf etwa 15 cm. Außer genügend feuchtem, gut mit Kompost versorgtem, unkrautfreiem Boden werden keine besonderen Ansprüche gestellt.

Schnittkohl, Bremer Scherkohl
Brassica napus ssp. *napus*

Da es sich bei diesem Gemüse um nichts anderes als die jungen Blätter des Raps handelt, ist es kein Wunder, daß wir es mit einer Spezialität der norddeutschen Küstenländer zu tun haben. Denn dort liegt auch der Schwerpunkt des Rapsanbaus. Die weitläufigen, zur

Zeit der Blüte im Frühjahr (Winterraps) leuchtendgelben Felder sind ein Markenzeichen jener meernahen Landstriche. Während Scherkohl in der ersten Hälfte des 19. Jahrhunderts gärtnerisch zumindest in Norddeutschland eine so große Bedeutung hatte, daß er sogar in mehreren Sorten angeboten wurde, mußte er später anderen Blattgemüsen, vor allem Spinat Platz machen, zumal er auf dieselbe Weise zubereitet wird.

Obgleich ein Anbau vom Frühjahr bis zum Herbst möglich ist, nutzt man den Schnittkohl am besten als Früh- und Spätgemüse mit Aussaaten im April/Mai und September/Oktober für die Ernte im Frühjahr. Ähnlich Feldsalat kann man ihn im Herbst und Winter auch für die Nutzung des ungeheizten Gewächshauses oder Frühbeets verwenden. Ausgesät wird breitwürfig, besser noch in Reihen mit 15 cm Abstand, wobei die Pflänzchen nicht weiter als 3 cm auseinanderzustehen brauchen.

Seekohl, Meerkohl
Crambe maritima

An den Küsten der Nord- und Ostsee, in den atlantiknahen Gebieten Frankreichs und Englands kommt der Meerkohl wildwachsend vor, man sammelte dort im Frühjahr die jungen Triebe und Blätter und bereitete sie roh als Salat oder die zarten Stengel auch wie Spargel gekocht zu. Die bis zu 50 cm hohe Staude paßt mit ihren weißen Blütenköpfen im Mai/Juni übrigens durchaus

Sojabohne

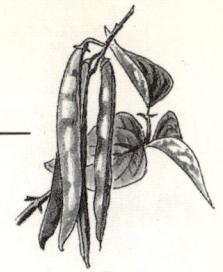

auch in den Ziergarten, ist also, wenn man einige Exemplare in Flor kommen läßt, nicht auf das Gemüsebeet angewiesen. Der anspruchslose, aber sonnenliebende See- oder Meerkohl nimmt mit nahezu jedem, auch sandigem Boden vorlieb, sofern vor der Saat bzw. Pflanzung reichlich verrotteter Stallmist oder Kompost eingearbeitet wurde.

Aussaattermin ist Anfang April unter Glas oder Anfang Mai direkt ins Freiland, wobei die Pflanzen einen Endabstand von etwa 50 x 50 cm erhalten sollten. Geerntet wird im darauffolgenden Frühjahr, sobald sich die jungen Triebe zeigen. Sie werden abgeschnitten und wie beschrieben zubereitet. Sollen sie besonders zart und hell auf den Tisch kommen, kann man wie bei Spargel zeitig im Jahr anhäufeln oder umgestülpte Töpfe über die Pflanzstellen stülpen. Auch eine Treiberei, wie wir sie vom Chicorée kennen, ist möglich, wenn die Wurzeln im Herbst ausgegraben und in einem warmen, dunklen Raum in einem Gefäß mit sandiger Erde zur Sproßentwicklung gebracht werden. Die abgetriebenen Wurzeln können dann im Frühjahr wieder zurück in den Garten kommen. Eine Vermehrung ist übrigens auch durch Wurzelschnittlinge (siehe S. 12) möglich.

Sojabohne
Glycine max

Diese alte Kulturpflanze stammt aus China und wird in ganz Asien als Gemüse mit den verschiedensten Verwer-

tungs- und Zubereitungsvarianten geschätzt. Außer in den USA, wo man die unreifen Samen wie Erbsen oder Bohnen ißt, hat sich diese Pflanze anderswo in der westlichen Welt nie recht durchsetzen können; das mag auch daran liegen, daß die Zubereitung wegen der langen Einweich- und Kochzeit etwas umständlich ist. Lediglich als Keimsprossen werden Sojabohnen heute auch bei uns geschätzt.

Sehr praktisch für die Gewinnung von vitaminreichen Sprossen sind Keimboxen aus dem Gartenhandel.

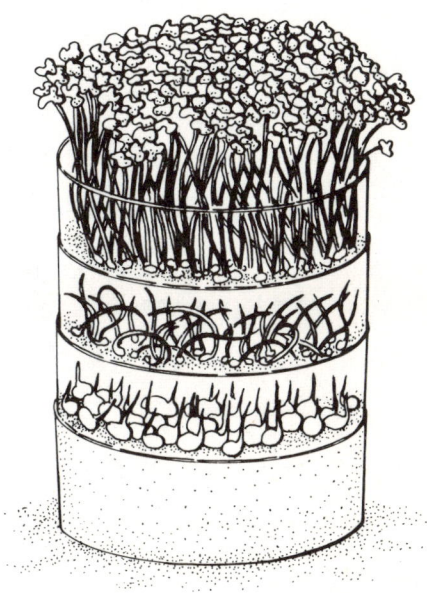

Gemüse, Kräuter, Gewürze

Als Gartenpflanze ist die Kultur nicht ganz einfach, da Soja frostempfindlich und wärmebedürftig ist und im Freiland einen vor allem vor Wind geschützten, sonnigen Platz braucht. Direktsaat ist nicht vor dem 20. Mai und bis etwa Mitte Juni möglich, und zwar im Abstand von 20 x 20 cm, 3 cm tief. Im Gegensatz zu den meisten anderen Gemüsen ist die Sojabohne mit sich selbst verträglich, kann also mehrere Jahre auf demselben Platz stehen. In ungünstigen, kühlen Gegenden empfiehlt sich eine warme Vorkultur, wobei Mitte April in Töpfchen gesät wird, nachdem die Samen einen Tag lang in Wasser eingeweicht wurden. Beim Auspflanzen nach dem 20. Mai empfiehlt sich hier eine Folien- oder Tunnelabdeckung. Stützen wie bei Stangenbohnen sind nicht notwendig. Die Pflege besteht in der Lockerung des humosen Bodens und Gießen bei Trockenheit; eine Kompostdüngung ist nur angebracht, wenn das Erdreich sehr nährstoffarm ist. Geerntet werden die grünen Hülsen, die man wie gewöhnliche Bohnen zubereitet, oder man verwendet Sojas als Trockenbohnen und nimmt die Hülsen ab, sobald sie eingetrocknet sind.

Spaghettikürbis
Cucurbita pepo

Der Kürbis mit den cremefarbenen, länglichen Früchten stammt aus Japan und wird wie andere Kürbisarten oder Zucchini kultiviert. Das Interessante an dieser Besonderheit unter den Kürbissen ist das Fruchtfleisch, das beim Kochen der ganzen Frucht einen faserigen, spaghettiähnlichen Zustand annimmt. Nach dem etwa 30minütigen Garen in Salzwasser nimmt man den Kürbis heraus, kappt die Spitze und ißt die Fasern wie Spaghetti mit Tomatensoße oder einem Dressing der Wahl; erkaltet läßt sich mit Essig und Öl ein schmackhafter Salat zubereiten.

Bei warmer Vorkultur ist der Anbau des Spaghettikürbis am sichersten, weil er wie alle seine Verwandten viel Wärme und einen geschützten Platz benötigt. Gesät wird ab Mitte April in kleine Töpfchen am Zimmerfenster, nach Mitte Mai in den Garten ausgepflanzt.

Günstig ist ein warmer, humushaltiger Boden mit ausreichend Feuchtigkeit, d. h. regelmäßig durchdringend gießen. Pflanzabstand 150 x 150 cm. Vor der Pflanzung sollte reichlich Kompost oder ein anderer organischer Dünger eingearbeitet werden, damit die Pflänzchen zügig wachsen. Geerntet wird, wenn der Umfang des Kürbis 20 cm beträgt und die Schale leichtem Fingerdruck nachgibt.

Spargelsalat
Lactuca sativa var. *angustana*

Obgleich man auch die Blätter als Salat essen kann, ist die Besonderheit dieses Gemüses doch das saftige, dicke Stämmchen, das wie Spargel zubereitet wird. In Nordhessen waren die sogenannten »Kasseler Strünkchen« früher

Spitzkohl

eine ausgesprochene und geschätzte Spezialität.

Gesät wird von April bis Anfang Juli im Freiland in Reihen mit 30 cm Abstand, später in der Reihe auf 20 cm vereinzelt. Bei Trockenheit muß ausreichend gewässert werden, als Düngung genügt das Einarbeiten von Kompost vor der Aussaat. Man erntet fortlaufend die noch jungen Blätter und die Stämmchen, wenn sie etwa 2 cm dick sind.

Speiserübe, Mairübe
Brassica rapa ssp. *rapa*

Wir sind dieser Gattung schon einmal begegnet, und zwar beim Rübstiel oder Stielmus (siehe S. 39). Zu den Speiserüben gehören außerdem noch die Erscheinungsformen Mairübe, Teltower Rübchen und die weiße oder gelbe, am Scheitel häufig violett bis schwarz gefärbte Herbstrübe. Alle diese Spielarten sind recht anspruchslos, gedeihen in jedem normalen, nahrhaften Gartenboden und auch in klimatisch weniger begünstigten Gebieten.

Mairüben werden im März/April mit 20 cm Reihenabstand und Vereinzeln in der Reihe auf 15 cm gesät. Unter Umständen empfiehlt sich eine Übertunnelung. Eine zweite Anbaumöglichkeit besteht Ende Juli/Anfang August; man erntet die noch jungen Rüben, wenn sie einen Durchmesser von etwa 5 cm erreicht haben und noch zart im Fleisch und milde im Aroma sind. Teltower Rübchen können von April bis August gesät werden, und zwar mit 15 cm Rei-

hen- und 10 cm Pflanzenabstand nach dem Vereinzeln. Herbstrüben kommen als Spätsaat von Mitte Juli bis August in den Boden, Reihenabstand 50 cm, in der Reihe 40 cm. Obgleich Herbstrüben als Zweijahrspflanzen weitgehend winterhart sind, sollte nicht später als November geerntet werden, da andernfalls der Geschmack zu streng und die Rübe zähfleischig wird. Aus demselben Grund ist bei allen Rüben darauf zu achten, daß der Boden stets genügend Feuchtigkeit aufweist. Außer Mairüben, die auch Rohkostsalaten zugefügt werden können, handelt es sich bei Rüben um ein Koch- bzw. Schmorgemüse.

Spitzkohl
Brassica oleracea var. *capitata*

Spitzkohl ist eine besondere Form des Weiß- oder Kopfkohls, die etwas schneller wächst und daher früher erntereif ist. Feldanbaumäßig steht der Weißkohl von allen Kohlarten obenan, der Spitzkohl hat als Nutzpflanze vor allem für die Sauerkraut herstellende Konservenindustrie nur lokale Bedeutung im Stuttgarter Raum, insbesondere in Filderstadt, daher auch die weitere Bezeichnung Filderkohl. Allerdings ist die Erzeugung rückläufig. Für den Hausgarten ist Spitzkohl insofern günstiger als der bekannte Weißkohl, weil er weniger Platz benötigt und, wie gesagt, früher geerntet werden kann.

Wichtig für den Anbau sind ein nahrhafter, etwas kalkhaltiger Boden und eine ausreichende Bewässerung in som-

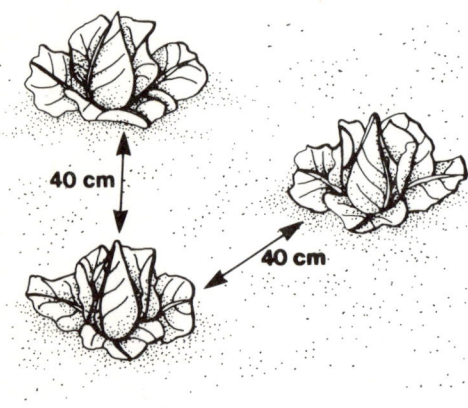

Mit 40 x 40 cm Abstand kann man Spitzkohl etwas dichter setzen als andere Kopfkohl-arten.

merlichen Trockenperioden. Wegen des hohen Nährstoffbedarfs arbeitet man schon vor der Bestellung gut ver-rotteten Stallmist oder Kompost bzw. einen anderen organischen Dünger, auch Blut-, Horn- und Knochenmehl in den Boden ein. Da man Spitzkohl außer im Südwesten Deutschlands kaum als Jungpflanzen erhält, ist man auf eigene Anzuchten angewiesen. Dazu wird im Februar/März bei einer Keimtempera-tur von 10 – 18 Grad Celsius in Schalen oder Töpfe ausgesät, später in Einzel-töpfe pikiert, wenn möglich in einem Frühbeet oder Glashaus abgehärtet und danach im Abstand von 40 x 40 cm aufs Beet gepflanzt. Geringe, kurzfristi-ge Frostgrade schaden im allgemeinen nicht, sicherer ist es, die Kultur zunächst

mit mitwachsender Folie oder einem Tunnel zu schützen. Spitzkohl hat von der Aussaat bis zur Ernte eine Kultur-dauer von etwa 100 Tagen.

Süßkartoffel, Batate
Ipomoea batatas

Die zur selben Gattung wie die als Klet-terpflanze bekannte *Ipomoea tricolor*, die Prunkwinde, gehörende Batate stammt aus dem nördlichen Südameri-ka und ist in den Tropen und Subtropen teilweise das Hauptnahrungsmittel. Mit etwa 126 Mio. t jährlich ist China der wichtigste Produzent der stärke- und zuckerhaltigen, länglich-ovalen, bis zu 20 cm langen Knollen. Man kann sie wie Kartoffeln zubereiten, rösten oder braten.
Da die Pflanze sehr wärmebedürftig ist, nur bei Temperaturen über kontinuier-lich 18 Grad Celsius zufriedenstellend gedeiht und bei geringsten Frostgraden abstirbt, ist eine sichere Kultur bei uns nur unter Glas, also im Kleingewächs-haus oder Frühbeet möglich; lediglich in Weinbaugebieten kann man einen Freilandanbau riskieren, sollte aber auch hier Folien oder Tunnel für kühle Nächte bereithalten. Man pflanzt die Knollen, aus denen später meterlange kriechende Triebe sprießen, im Ab-stand von 30 cm in 1 m voneinander entfernte Reihen. In Gegenden mit unsicherer Klimalage empfiehlt sich Gefäßkultur, bei der man je eine Knolle in einen 10-l-Eimer legt, der bei Bedarf an einen hellen Platz ins Haus geholt

werden kann. Erntezeitpunkt ist der Spätherbst, wenn die Blätter und Ranken zu welken beginnen. Man hebt die bis zu 3 kg schweren Knollen vorsichtig mit der Grabegabel aus dem Boden, läßt sie etwas abtrocknen und lagert sie frostfrei in trockenem Sand. Da die Haltbarkeit begrenzt ist, sollten die Bataten bald verbraucht werden. Während der Kulturdauer an einem vollsonnigen Platz ist für gleichbleibende Bodenfeuchtigkeit zu sorgen. Die Vermehrung erfolgt durch das Stecken oder Legen beliebig langer Rankenteile in ein lockeres Substrat, die Töpfe schützt man am besten durch Folienabdeckung. Man kann aber auch die Knollen im Frühjahr in feuchtes Anzuchtsubstrat legen, die

Da die Süßkartoffel sehr kälteempfindlich ist, sollte sie nur unter Glas oder als Kübelpflanze kultiviert werden.

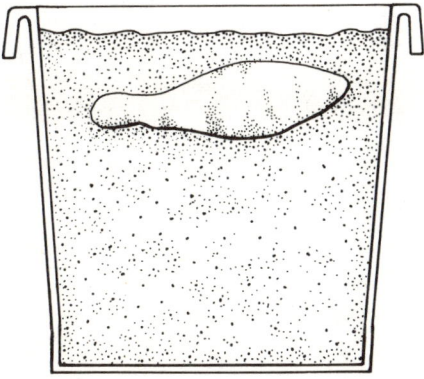

dann erscheinenden Triebe abtrennen und separat als Stecklinge weiter behandeln. Batate-Knollen gibt es in Feinkostgeschäften oder in speziellen Südfruchtabteilungen großer Kaufhäuser.

Tomaten-Spezialitäten
Lycopersicon esculentum var. *esculentum*

Die Tomate, heute in nahezu allen Hausgärten heimisch, ist ein verhältnismäßig »junges« Fruchtgemüse, das erst nach der Entdeckung Amerikas zu uns kam. Während die Staude in Deutschland zunächst nur als Zierpflanze vereinzelt kultiviert wurde und wegen ihrer in den grünen Früchten enthaltenen Giftstoffe als ungenießbar galt, hatte sie in der französischen Küche bereits gegen Ende des 16. Jahrhunderts ihren Platz erobert. Damals und auch noch später konnte man in den Rheinauen um Straßburg wildwachsende Tomaten finden, deren Samen von den in den Strom geleiteten Abwässern an die Ufer gespült wurden.
Bereits im 19. Jahrhundert aber war der »Liebesapfel« auch bei uns mit einer Vielzahl von Sorten oder Spielarten vertreten, darunter klein- und großfrüchtige gelbe, rote, glatte oder gerippte, runde wie birnenförmige. Heute werden im Katalog eines einzigen Samenzüchters 14 für den Garten geeignete Sorten angeboten. Neben den bekannten, hochwachsenden Stabtomaten finden sich dort auch buschig wachsende Formen,

Gemüse, Kräuter, Gewürze

Balkontomaten und solche mit nur kirschgroßen, in Trauben angeordneten Früchten, die unter der Bezeichnung Mini-, Kirsch- oder Cocktailtomaten vertreten sind.

Je nach Klima ist sowohl Freiland- als auch Unterglaskultur möglich, außerdem bietet der Handel sogenannte Tomatenhauben an, unter denen die Pflanzen, vor den Unbilden der Witterung geschützt, heranwachsen können. Wem an Besonderheiten gelegen ist, wird auf das Samenangebot zurückgreifen und Jungpflanzen selber heranziehen müssen. Man sät Ende Februar/ Anfang März in Saatschalen oder Töpfen bei einer Keimtemperatur von 20 – 24 Grad Celsius aus, pikiert die kleinen Pflänzchen in Einzelgefäße, z. B. Torftöpfchen, und setzt sie ab Mitte Mai, wenn keine Frostgefahr mehr besteht, aufs Beet. Wurde früh gesät, so daß noch Zeit bleibt, kann ein zweites Mal in etwas größere Töpfe vereinzelt werden, die man vor dem endgültigen Pflanzen zur Abhärtung tagsüber nach draußen stellt.

Tomaten sind Starkzehrer und brauchen einen nährstoffreichen, durchlässigen, humosen Boden, wenn sie zufriedenstellend gedeihen und reich fruchten sollen. Das Beet muß also gut mit Kompost oder anderen organischen Nährstoffen versorgt sein, eine zusätzliche Düngung mit Brennesseljauche während der Wachstumszeit hat sich als günstig erwiesen. Bei eintriebig gezogenen Stabtomaten sind die in den Blattachseln entstehenden Geiztriebe laufend auszubrechen; außerdem soll man den Pflanzen nicht ein Übermaß an Blüten- und Fruchttrauben belassen, im Freiland sind 4 – 6, unter Glas bis zu 8 ausreichend, um einen auch qualitativ guten Ertrag zu erzielen.

Hinsichtlich des Pflanzenabstands können 60 x 60 cm als Maßstab dienen, kleinwüchsige Sorten setzt man entsprechend dichter. Da reife Tomaten

Bei der Cocktail- oder Kirschtomate sind die vielen kleinen Früchte in langen Trauben angeordnet.

46

Wasserkresse

das beste Aroma besitzen, wartet man mit der Ernte bis zur vollen Ausfärbung der Früchte; was im Spätsommer noch grün ist und wegen der Witterung nicht mehr zur Reife gelangt, kann im Haus auf einem Fensterbrett nachreifen.

Topinambur
Helianthus tuberosus

Diese bis 3 m hohe Staude mit den gelben Sonnenblumenblüten im September/Oktober muß nicht unbedingt im Gemüseteil untergebracht werden, sondern paßt auch gut in den Ziergarten, z. B. als Grenzpflanzung an einem Zaun oder vor Mauern. Verwertet werden die unterirdischen Knollen der nordamerikanischen Pflanze, die man wie Kartoffeln zubereitet.

Im März/April oder Oktober kommen die Knöllchen in etwa 15 cm tiefe Furchen mit 90 cm Abstand, in der Furche sollen die Pflanzen 30 cm voneinander entfernt stehen. In einem nahrhaften, lockeren Gartenboden ist kein weiterer Dünger notwendig, andernfalls wird vor der Pflanzung etwas Kompost eingearbeitet. Damit sich die Knollen gut entwickeln, ist bei Trockenheit zu wässern, außerdem sollte die Standfestigkeit durch Anhäufeln verbessert werden, wenn man es nicht vorzieht, den Pflanzen von vornherein eine Stütze zu geben. Die Ernte der völlig frostbeständigen Knollen beginnt ab Oktober und kann unter einer Laub- oder Reisigabdeckung den ganzen Winter über fortgesetzt werden.

Wasserkresse, Brunnenkresse
Nasturtium officinale

Die kleine Staude kommt bei uns wildwachsend in fließenden Gewässern vor, wird aber trotz ihres hohen Vitamin C-Gehalts und des würzigen Aromas recht wenig in der Küche, z. B. als Zugabe zu Salaten, Soßen oder Suppen, verwendet. Um Brunnenkresse im Garten anzubauen, bedarf es keines Fließgewässers, wenn man ihr eine Art Sumpfbeet bereitet. Dann ist sogar eine Kultur in Kisten oder Balkonkästen möglich. Für den Freilandanbau wird in einer schattigen Gartenecke eine etwa 25 cm tiefe Grube ausgehoben, mit wasserdichter Folie ausgelegt, der Aushub mit Kompost oder einem Naturdünger angereichert und bis 2 cm unter Bodenniveau wieder gefüllt. Sofern ständiges Feuchthalten des Grubenbeets gesichert ist, kann man auch auf die Folie verzichten. Nun wird der feine Samen

Wasserkresse wächst gut in einer mit Folie ausgelegten, etwa 25 cm tiefen Grube, die nach dem Aufgehen der Pflänzchen bis obenhin mit Wasser gefüllt wird.

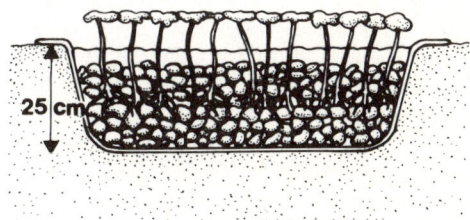

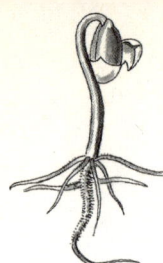

Gemüse, Kräuter, Gewürze

dünn auf die Oberfläche gestreut, angedrückt und durchdringend gegossen. Sobald die Sämlinge sichtbar sind, füllt man die restlichen 2 cm der Grube mit Wasser auf. Etwa vier Wochen nach der Aussaat kann man mit dem fortlaufenden Schneiden der zarten Triebe beginnen, bei mobiler Kultur den ganzen Winter über, sofern die Behälter hell und frostfrei stehen. Kleiner werdende Blätter zeigen Nährstoffmangel an, den man durch monatliche organische Flüssigdüngergaben gar nicht erst zum Zuge kommen läßt.

Winterzwiebel
Allium cepa

Es handelt sich hierbei um speziell gezüchtete, winterharte Sorten der Gartenzwiebel, die in letzter Zeit vor allem aus Japan zu uns gekommen sind. Da Zwiebeln eine lange Kulturdauer haben und die ersten, den Winter überdauerte Zwiebeln bereits im Mai geerntet werden können, ist der Anbau im Hausgarten durchaus lohnend. Verlangt wird wie von allen Zwiebeln ein lockerer, warmer, eher leichter und nährstoffhaltiger Boden in sonniger Lage.
Wichtig ist gerade bei Winterzwiebeln der richtige Aussaatzeitpunkt zwischen dem 15. und 25. August. Sät man früher, gehen die Pflanzen im nächsten Frühjahr schon zeitig in Blüte, wird zu spät gesät, kann Frost den jungen Zwiebeln zu schaffen machen. Da Zwiebeln guten Bodenschluß lieben, sollte das Beet rechtzeitig vorbereitet und mit Kom-

post oder einem anderen organischen Dünger versorgt werden. Gesät wird mit einem Reihenabstand von 20 cm, ausgedünnt auf 10 cm in der Reihe erst im folgenden März. Eine Folien- oder Reisigabdeckung ist nur bei strengen Frösten erforderlich.

Zuckermais
Zea mays convar. *saccharata*

Dieser Abkömmling des auch bei uns in großem Umfang angebauten Futtermais gehört in Amerika zu den wichtigsten Nahrungsmitteln, hierzulande ist er eine reine Liebhaberpflanze, die nur selten in den Gärten auftaucht. Dabei könnte man das Nützliche mit dem Angenehmen verbinden und die bis zu 2,50 m hohen Gräser, zu denen Mais botanisch gehört, gleichzeitig als Windschutzpflanzung verwenden. Die süßen, kohlenhydrathaltigen Körner werden gekocht oder gedünstet.
Möglich ist sowohl Vorkultur im April in Töpfen bei 10–15 Grad Celsius, wobei man in jeden Topf zwei oder drei Körner legt und später nur das kräftigste Pflänzchen stehen läßt, als auch Direktsaat ab Mitte Mai auf ein sonniges, geschütztes Beet. Reihenabstand 60 cm, Pflanzenabstand 20 cm. Da Mais einen hohen Nährstoffbedarf hat, muß der Boden schon vorab reichlich organischen Dünger erhalten und im Sommer noch einmal mit stickstoffhaltigen Nährstoffen wie Blutmehl nachversorgt werden. Der Erntetermin fällt gewöhnlich in den August, wenn sich die Kol-

benfäden braun bis schwarz verfärben und die Körner auf Nageldruck weißen Milchsaft freigeben.

Zuckerwurzel, Süßwurzel
Sium sisarum

Das bis zu 90 cm hohe Doldengewächs mit den knollig verdickten Wurzeln ist vor allem in Südosteuropa und Kleinasien verbreitet, wurde nach spärlichen und unsicheren Quellen schon von Griechen und Römern als Nahrungsmittel genutzt und taucht bei uns erst in Schriften aus dem 16. Jahrhundert auf. Gegen Ende des 19. Jahrhunderts wurde die Pflanze offenbar noch vereinzelt im Garten angebaut, hatte aber schon keine Bedeutung mehr. Der Geschmack der in Wasser gekochten, mehligen Wurzel ist süß, man bereitet sie wie Mohrrüben oder Pastinaken zu, mit denen sie auch die Ansprüche an Boden und Pflege teilt (siehe S. 33). Ausgesät wird im April oder August mit 30 cm Reihen- und 15 cm Pflanzenabstand, wobei es sich empfiehlt, die langsam keimenden Samen vorher 24 Stunden in Wasser einzuweichen. Die Wurzeln des Spätanbaus können den ganzen Winter hindurch geerntet werden, sie lassen sich aber auch im Keller wie Mohrrüben in Sand einschlagen.

Früchte

Es sind nicht nur die exotische Früchte entwickelnden Pflanzen wie Ananas, Bananen oder Citrusgewächse, die zum Versuch des Eigenanbaus reizen; auch unter den winterharten oder einjährigen, also im Freiland zu kultivierenden Arten gibt es Besonderheiten, die nicht jeder hat und die eine Pflanzung lohnen. Dazu gehören u.a. verschiedene Beerensträucher, weil sie auch im kleinen Garten Platz finden können und keine unerfüllbaren Ansprüche stellen. Anderen wiederum macht unser Klima zu schaffen, so daß man auf mobile Kübelkultur ausweichen und die empfindlichen Kandidaten über Winter ins Haus holen muß. Für manche Bewohner südlicher, ganzjährig warmer Gefilde sind unsere Sommer häufig zu kurz, so daß es für die Fruchtausbildung nicht mehr reicht. Wo kein warmes Gewächshaus oder Wintergarten zur Verfügung steht, hat man zumindest den Spaß am Versuch gehabt, die Pflanzen heranwachsen und sich entwickeln zu sehen, und für jemanden, der die Gärtnerei aus Liebe betreibt, ist das schließlich auch schon was.

Ananas
Ananas comosus

Die Familie der Ananasgewächse (*Bromeliaceae*) umfaßt 46 Gattungen und etwa 2000 Arten, die mit einer Ausnahme alle im tropischen und subtropischen Amerika beheimatet sind. Als Zimmerschmuck kommt *Ananas comosus* kaum in Betracht, weil die Pflanze, wenn sie nach etwa vier Jahren Blütenreife erreicht hat, zu groß geworden ist; immerhin werden die gezähnten Blätter dieser erdbewohnenden Trichterbromelie bis zu 90 cm lang. Wer ein größeres Gewächshaus oder einen Wintergarten besitzt, kann dennoch den Versuch machen, die Pflanze zum Blühen und damit Fruchten zu bringen.

Dazu sind im Winter neben viel Licht Temperaturen zwischen 15 und 18 Grad Celsius erforderlich, im Sommer ein warmer, sonniger und geschützter Stand, auch im Freiland. Außerdem sollte für eine erhöhte Luftfeuchtigkeit von mindestens 60 % bei gleichzeitig luftigem Stand gesorgt werden – Bedingungen, die man ohne spezielle Kultureinrichtungen kaum erfüllen kann. Im Sommer ist regelmäßig zu gießen und wöchentlich flüssig, z. B. mit Guano, zu düngen. Das Substrat muß so locker und durchlässig (Einheitserde mit etwas Sand vermischt) sein, daß keine Staunässe zu befürchten ist.

In den tropischen Anbaugebieten – heute vor allem die Philippinen, Thailand, Brasilien und die USA – wurden früher am Rand der Ananasplantagen rauchende Feuer entzündet, um durch das dabei entstehende Äthylengas die Blütenbildung zu beschleunigen. Bei Blütenbromelien erzielt man eine ähnliche Wirkung, wenn reife Äpfel in die unmittelbare Nähe der Pflanzen gelegt werden; eine Umhüllung des Ensembles mit durchsichtiger Folie intensiviert die Wirkung. Das funktioniert jedoch nur, wenn die Ananasgewächse das blühfähige Alter erreicht haben.

Vermehrt wird durch Ausläufer oder Kindel, die sich an der Mutterpflanze bil-

Ananas kann man vermehren, indem man den obersten Teil der Frucht abschneidet und in einen Topf mit feuchtem Substrat setzt; eine Folienumhüllung schafft günstiges Kleinklima.

den und die man im beheizten Vermehrungsbeet weiterkultiviert. Eine andere Möglichkeit besteht darin, von gekauften Ananas den Blattschopf mit etwa 2 cm des Fruchtkörpers mit einem scharfen Messer abzutrennen, das Fruchtfleisch an der Luft abtrocknen zu lassen und dann in einen Einzeltopf mit feuchtem, durchlässigem Substrat zu pflanzen. Wärme ohne pralle Sonne und eine Folienabdeckung fördern die Wurzelbildung.

Andenbeere, Kapstachelbeere
Physalis peruviana

In Südamerika, Südafrika, Indien und Australien wird die Andenbeere als Nutzpflanze angebaut, bei uns hat sie seit einiger Zeit auch im Hausgarten ihren Platz gefunden und wird entweder roh gegessen, vor allem aber als Kuchenbelag, zur Gelee- und Marmeladenherstellung verwendet. Die süßsauren, im Reifezustand grünlichgelben, etwa kirschgroßen Früchte sind von einem pergamentartigen Hüllkelch umgeben, der dem der verwandten Lampionblume oder Judaskirsche (*P. alkekengi*) ähnelt.
Obgleich eine Überwinterung im kühlen, hellen Gewächshaus oder Wintergarten möglich ist, lohnt eine Dauerkultur kaum, man zieht besser in jedem Frühjahr (März/April) neu aus Samen heran und pflanzt nach Mitte Mai an einen sonnigen, warmen und geschützten Platz im Garten im Abstand von 60 x 60 cm aus. Die bis zu 1,50 m

hoch werdenden Andenbeeren sollten Stützen erhalten oder am Drahtspalier gezogen, gut feucht gehalten und wöchentlich gedüngt werden. Die Ernte fällt meist in den August, wenn die Hüllblätter verblassen, eintrocknen und die Früchte gelb werden.

Apfelbirne, Nashi
Pyrus pyrifolia var. *culta*

Mit dem Apfel hat dieses bei uns noch nicht allzu lange bekannte Obst nur die Fruchtform gemeinsam, tatsächlich handelt es sich um Selektionen der Chinesischen oder Asienbirne, die von China und Japan ausgehend über Kalifornien, Neuseeland, Südfrankreich und die Schweiz den Weg zu uns gefunden hat. Anfang der 80er Jahre wurden Nashi-Bäume erstmals auf Versuchsfeldern der Landwirtschaftsschule Landau/Pfalz getestet und gelangten nach positiven Ergebnissen, vor allem hinsichtlich ihrer Eignung für den Hausgarten auf den Markt. Von den apfelförmigen, je nach Sorte gelben oder bronzefarbenen Früchten darf man zwar kein Birnenaroma, dafür aber zartschmelzendes, saftiges Fleisch mit leichtem Melonengeschmack erwarten.
Nashi gedeihen überall dort, wo auch Birnen sich wohlfühlen, sind also relativ wärmebedürftig und wegen ihrer frühen Blüte auch spätfrostgefährdet. Dafür werden sie kaum von Krankheiten und Schädlingen heimgesucht, sind aber wie Birnen nicht völlig gegen Schorf und Obstbaumkrebs gefeit. Die mei-

sten Sorten brauchen einen Befruchter, der auch eine unserer bekannten Birnenzüchtungen sein kann. Etwas Vorsicht ist bei der Ernte geboten. Schon das Anritzen mit einem Fingernagel kann zu Verletzungen der Frucht führen, was die nicht sehr lange Haltbarkeit auf dem Lager beeinträchtigt.

Banane
Musa x paradisiaca syn.
M. acuminata

Im Gegensatz zur Zierbanane, *Ensete ventricosum,* und der Japanischen Faserbanane, *Musa basjoo,* die keine eßbaren Früchte ausbilden, aber durch Samen vermehrbar sind, kann die weltweit in den Tropen angebaute Obstbanane nur vegetativ über Schößlinge herangezogen werden. Stämme von 6 – 8 m Höhe sind bei in den Schauhäusern Botanischer Gärten ausgepflanzten Exemplaren von *Musa x paradisiaca* keine Seltenheit, die meterlangen Blätter und 1,5 m langen, dekorativen Blütenstände entsprechen diesen Dimensionen. Weil sie nur etwa 2 m Höhe erreicht, aber ebenfalls eßbare Früchte hervorbringt, ist die aus Südostasien stammende Zwergbanane, *M. acuminata,* für eine Kultur im warmen Gewächshaus oder Wintergarten weitaus besser geeignet, zumal sie der vorgenannten Art mit ihren 1,5 m langen, frischgrünen Blättern im Zierwert nicht nachsteht.
Die Fruchtbildung erfolgt nur, wenn man den Obstbananen ein helles, min-destens 12 Grad Celsius warmes Winterquartier bieten kann; im Sommer hält es *M. acuminata* auch an einem warmen, geschützten und sonnigen Platz im Freien aus. Das Kübelsubstrat bzw. bei Auspflanzung das Grundbeet im Glasquartier muß humus- und nährstoffhaltig, vor allem aber durchlässig sein, da Staunässe nicht vertragen wird. Angesichts des gleichzeitig hohen Wasserbedarfs erfordert das Gießen besonders im Winter viel Fingerspitzengefühl, weil man den Mittelwert zwischen Nässe und damit verbundener Bodenkühle und andererseits Trockenheit treffen muß. Das Gießwasser sollte in jedem Fall temperiert sein. Von Frühjahr bis Herbst ist außerdem wöchentlich zu düngen, am besten mit organischem Flüssigdünger, z.B. in Wasser gelöstem Trockenmist. Düngung im Winter würde die Ruhephase unterbrechen und nur kräftezehrendes Wachstum zur Folge haben. Bei richtiger Pflege kann nach 2 – 3 Jahren mit Blüten und Früchten gerechnet werden. Danach stirbt die Staude ab, hat aber zwischenzeitlich bereits bewurzelte Schößlinge gebildet, die man abnehmen und neu einpflanzen kann.

Baumtomate, Tamarillo
Cyphomandra betacea

Wie die ebenfalls aus Südamerika stammende Datura (*Brugmansia*) gehört die Baumtomate zu den Nachtschattengewächsen (*Solanaceae*) und ähnelt auch in den Ansprüchen der bei

Baumtomate

uns schon seit längerer Zeit so beliebten Engelstrompete. Sie braucht im Sommer einen sonnigen, aber vor praller Mittagssonne geschützten, bis halbschattigen Platz im Freien und ein frostfreies Winterquartier, in dem sie dann ihr Laub abwirft; bei wärmerer, heller Überwinterung bleiben die Blätter meist erhalten.

Die bis zu 4 m strauchartig in die Höhe wachsende *Cyphomandra* kann als Stamm gezogen und durch Schnitt auch kleiner und kompakter gehalten werden und sieht mit ihren bis zu 25 cm langen, herzförmigen Blättern sehr dekorativ aus. Die etwa hühnereigroßen, ovalen Früchte, die sich bei der Reife orange- oder purpurrot färben und einen säuerlich-herben Geschmack besitzen, stellen den Hauptschmuck der eher unscheinbar blühenden Pflanze dar. Man kann das an Fleischtomaten erinnernde Fruchtfleisch ähnlich wie bei der Kiwi auslöffeln oder feingeschnitten als Salat zubereiten bzw. anderen Salaten beifügen.

Ausgesät wird im März/April im warmen Raum, wobei der Samen nur dünn mit dem Anzuchtsubstrat zu überstreuen ist. Eine Folien- oder Glasabdeckung fördert die Keimung. Nach dem Pikieren in Einzeltöpfe kommen die Jungpflanzen in der zweiten Maihälfte ins Freie. Für das Substrat im

Kübel, den die Baumtomate schon bald erhalten sollte, reicht im Handel erhältliche Fertigerde, der man Kompost oder einen organischen Dünger als Starthilfe beimischen kann. Den Sommer über wird wöchentlich flüssig gedüngt und reichlich gegossen, da der Feuchtigkeitsbedarf wie bei der Datura sehr hoch ist. Vor Eintritt erster Nachtfröste muß die Baumtomate dann ins Winterquartier.

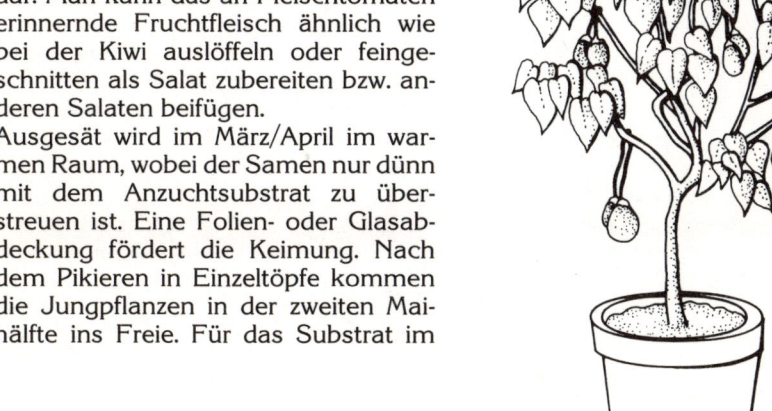

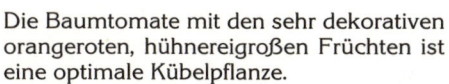

Die Baumtomate mit den sehr dekorativen orangeroten, hühnereigroßen Früchten ist eine optimale Kübelpflanze.

53

Boysenbeere und Loganbeere
Rubus loganobaccus

Diese *Rubus*-Kreuzungen sind ein Liebhaberobst, das zum Ausreifen viel Wärme und einen langen Sommer benötigt, bei uns also nur für geschützte Lagen im Weinbauklima in Frage kommt und auch dort Winterschutz erhalten sollte. Die Loganbeere entstand bereits 1881, die Boysenbeere 1925, beide in Kalifornien, und haben in Amerika durchaus kommerzielle Bedeutung. Die roten bis rotvioletten, 4 cm langen Früchte der Loganbeere besitzen einen säuerlicharomatischen Geschmack und eignen sich gut für Marmeladen, Gelees und zur Saftherstellung. Ähnlich wie bei Brombeeren kann man die langen Ranken des stark wachsenden Strauchs im Herbst auf den Boden legen und zum Schutz vor Frösten mit Laub oder Reisig bedecken.
Mit 3 cm ist die purpurrote Frucht der Boysenbeere nur geringfügig kleiner und kann in derselben Weise verwendet werden wie die Loganbeere. Ihre Frostempfindlichkeit ist noch ausgeprägter, so daß sie den geschütztesten und sonnigsten Platz erhalten sollte. Da Trockenheit schlecht vertragen wird, ist im Sommer reichlich zu wässern.

wiederum die Orangenproduktion an erster Stelle steht, gefolgt von Mandarinen, Zitronen, Pampelmusen und Grapefruit. Bei den in Blumengeschäften als »Orangenbäumchen« angebotenen, hübschen Citruspflanzen handelt es sich meist um die Calamondine (x *Citrofortunella microcarpa syn.* x *C. mitis*). Auch Kumquats (*Fortunella margarita* und die etwas schwächer wachsende *F. japonica*) sind ansehnliche Kübelpflanzen, unter den Zitronen *Citrus limon* 'Meyerii', die einen gedrungenen Habitus besitzt und saftige Früchte liefert. Weitere Arten, die sich bei einem genügend geräumigen Winterquartier auch im Kübel kultivieren lassen, sind *Citrus medica,* die Zitronatzitrone, etwas kälteempfindlich, doch schwachwachsend, *C.* x *paradisi,* die Grapefruit, x *C. deliciosa,* die Mandarine, *C. sinensis,* die Apfelsine mit vielen Sorten.
Die meisten Citruspflanzen fühlen sich im Sommer im Freien an einem sonnigen, windgeschützten Platz, z.B. auf Balkon oder Terrasse am wohlsten. Empfindlichere Arten wie Zitronatzitrone und die Grapefruit stellt man in kühleren Gegenden besser ganzjährig unter Glas. Beim Substrat ist vor allem sowohl auf die Durchlässigkeit als auch auf gutes Wasserspeichervermögen zu

Citrusfrüchte
Citrus-Arten und -Hybriden

Neben Trauben sind Citrusfrüchte die wichtigsten der in den Tropen und Subtropen angebauten Obstarten, wobei

Da Feigen nicht zuverlässig winterhart sind, ist es sicherer, die Pflanzen im Kübel zu kultivieren.

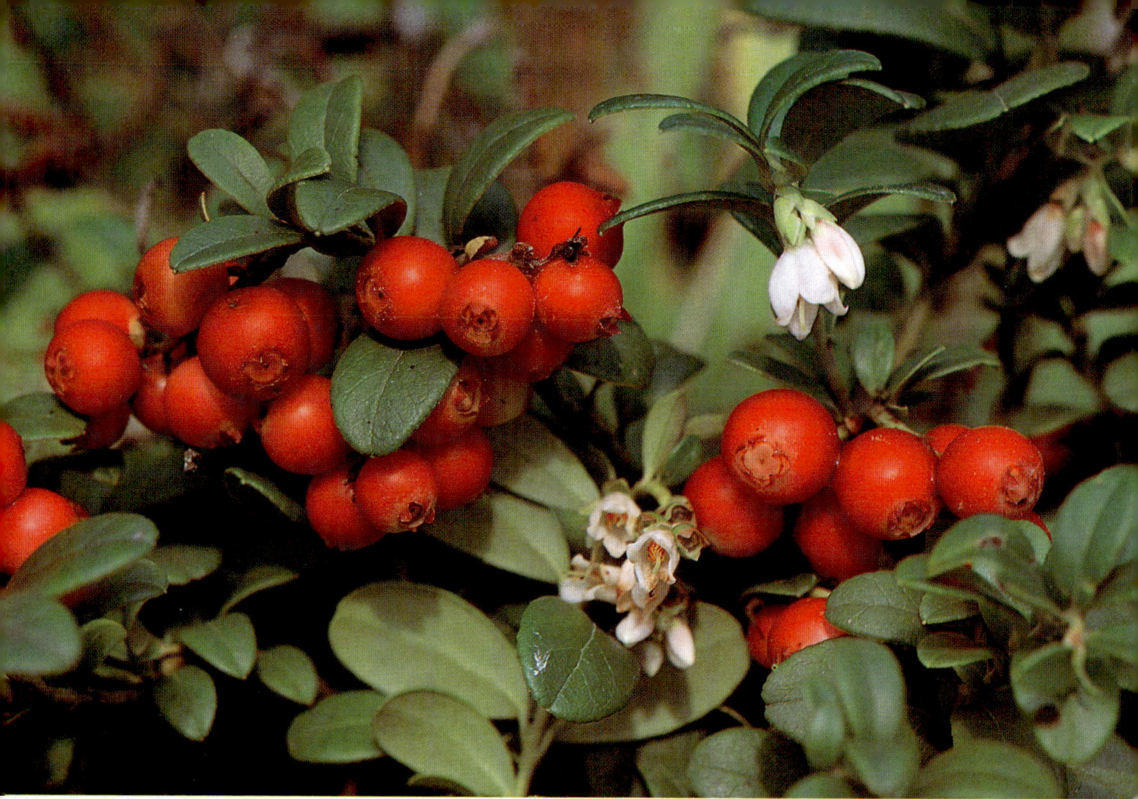

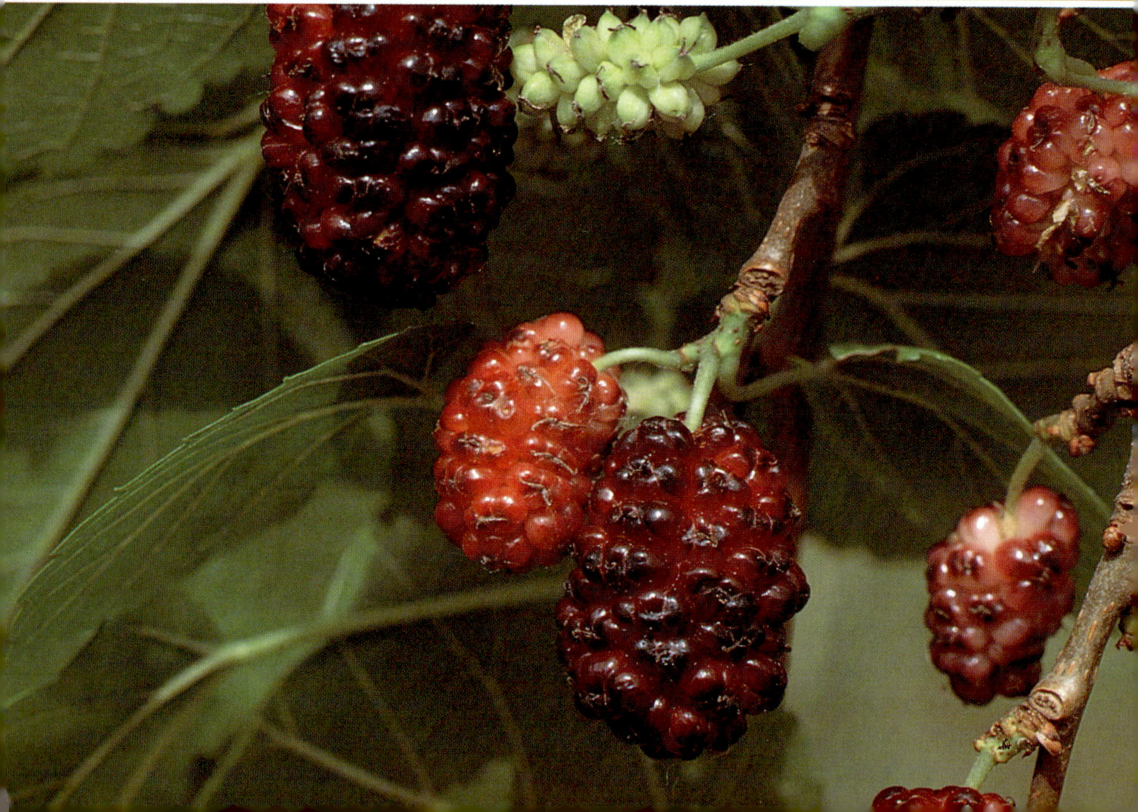

Echter Feigenbaum

achten. Ein Gemisch von drei Teilen guter Gartenerde, einem Teil reifem Kompost und einem Teil Sand hat sich in der Praxis als geeignet erwiesen, aber auch Qualitätsfertigerden mit einem Lehm- oder Tonanteil (Einheitserde) läßt sich verwenden. Gleichmäßige, milde Feuchtigkeit im Substrat und wöchentliche Düngergaben mit einem organischen Nährstoff sichern Gedeihen, meist intensiv duftende, weiße oder rosa angehauchte Blüten und Wuchsfreudigkeit. Zum Gießen nur luftwarmes, kalkarmes Wasser verwenden, da sonst mit Blattchlorosen (gelbe Blätter) zu rechnen ist. Überwinterung kühl bei 8–10 Grad Celsius, empfindlichere Arten etwas wärmer, doch nicht über 15 Grad stellen. Laubabwurf in dieser Zeit ist normal und wird durch den Neuaustrieb im Frühjahr bald wieder ausgeglichen. Vermehrt wird in der Regel durch Veredeln auf Sämlinge der Bitterorange (*Poncirus trifoliata*). Bei Calamondine und Zitrone gelingt oft auch die Stecklingsvermehrung, sofern etwa 25 Grad Celsius Bodenwärme und hohe Luftfeuchtigkeit gewährleistet sind, am besten also im beheizten Vermehrungsbeet.

Oben: Die ansonsten sehr anspruchslosen Preiselbeeren wachsen nur im sauren Boden.
Unten: Die süßen Früchte der Schwarzen Maulbeere erinnern entfernt an Brombeeren und können roh gegessen werden.

Echter Feigenbaum
Ficus carica

Diese uralte Kulturpflanze wird vor allem in den Mittelmeerländern angebaut, wo auch etwa 90 % der Weltproduktion herstammen. Der 8 – 10 m hohe Feigenbaum mit den sommergrünen, meist fünflappigen Blättern kann bei uns nur in den klimamildesten Gebieten frei ausgepflanzt werden – und selbst dort machen überraschende winterliche Tiefsttemperaturen der Pflanze mitunter den Garaus. Obgleich im Frühjahr aus der Wurzel häufig ein neuer Austrieb erfolgt, ist die Schönheit des Gehölzes dahin. Wer sichergehen will, sollte Feigen deshalb im Kübel ziehen und die Pflanzen in einem kühlen Raum, der ruhig auch dunkel sein kann, blattlos überwintern. Für die Kultur kommt nur der sogenannte adriatische Typ in Frage, da er auch ohne Befruchtung Früchte entwickelt. Der Smyrna-Typ dagegen muß durch eine spezielle Gallwespe bestäubt werden, die ihre Eier in die Blüten einer anderen Feigen-Art, die Holz- oder Bocksfeige, ablegt.
Feigen sollten den sonnigsten Platz erhalten und im Kübel in leicht kalkhaltigem, durchlässigem, eher magerem Substrat stehen. Geeignet ist Garten- oder Einheitserde, der man etwas Sand oder Kies beimischt. Durchdringend gegossen wird immer erst, wenn die obere Schicht des Substrats abgetrocknet ist, gedüngt während der sommerlichen Wachstumsperiode alle 14 Tage mit einem flüssigen Dünger. Etwa ab August kann geerntet werden, wenn die

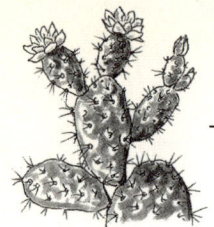

Früchte, die nach und nach reifen, leichtem Druck nachgeben. Nicht ausgereifte Feigen läßt man am Baum; sie gehen mit ins Winterquartier und sind im nächsten Jahr pflückreif. Die Vermehrung durch Stecklinge, die im Sommer von ausgereiftem Holz geschnitten und in einem Torf-Sand-Gemisch zur Bewurzelung gebracht werden, ist problemlos.

Feigenkaktus, Feigenopuntie
Opuntia ficus-indica

Die Pflanze, die in den Trockengebieten der Tropen und Subtropen strauchig bis baumartig wächst, wird dort mit ihren stachellosen Formen als Viehfutter genutzt, während die Früchte vor allem in südlichen Ländern und Südamerika als Obst auf den Märkten angeboten

werden. In guten Restaurants reicht man auch bei uns die von der Haut mit den feinen Stachelkissen (Glochiden) befreiten, saftigen, leicht süßlichen Früchte gelegentlich als exotisches Dessert.

Im Gegensatz zu den winterharten Opuntien ist der Feigenkaktus nicht frostbeständig und muß im Herbst in ein helles, etwa 10 Grad Celsius warmes Quartier gebracht werden, wo er die kalte Jahreszeit völlig trocken übersteht. Da die Pflanze Lufttrockenheit toleriert, kann man sie, sofern es die Größe erlaubt, auch im geheizten Wohnzimmer überwintern, muß dann allerdings für etwas Bodenfeuchtigkeit sorgen. Im Sommer ist der richtige Standort ein sonniger, warmer, geschützter Platz im Freien; das Kübelsubstrat sollte mager, durchlässig und sandhaltig sein, da gelegentlich austrocknender Boden erwünscht, Dauernässe dagegen tödlich ist. Man gießt deshalb nur selten und auch erst dann, wenn das Substrat zumindest oberflächlich gut abgetrocknet ist. Eine zweimalige flüssige Düngergabe im Frühjahr nach dem Auswintern und dann noch einmal im Juli ist völlig ausreichend.

Die gelb bis rötlich gefärbten Früchte reifen im Herbst, sofern der Sommer warm und sonnig war. Beim Ernten und Abziehen der Haut empfiehlt es sich

Zur Vermehrung des Feigenkaktus werden einfach »Ohren« abgetrennt und in einem sandhaltigen Substrat bewurzelt.

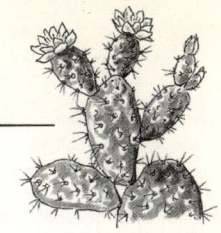

dringend, Handschuhe zu tragen, denn die haarfeinen Polsterstacheln der Glochiden wird man so schnell nicht wieder los. Zur Vermehrung trennt man einzelne Glieder (»Ohren«) der Opuntie ab, läßt sie einen oder zwei Tage antrocknen und pflanzt dann zur Bewurzelung in ein sandiges Substrat.

Heidelbeere
Vaccinium corymbosum

An der Entstehung der Kulturheidelbeere ist nicht, wie man glauben könnte, unsere Waldheidelbeere (*Vaccinium myrtillus*), sondern die amerikanische »Blueberry« (*V. corymbosum*) beteiligt. Die kräftig wachsenden Sträucher werden bis zu 2 m hoch und schmücken sich gegen Ende Mai mit weißen bis rosa gefärbten Glockenblüten.
Nutz- und Zierwert vereinigen sich also in diesem Erikagewächs (*Ericaceae*), das zu den pflegeleichten Beerensträuchern zu zählen wäre – wenn es sich wie andere Obstgehölze mit unseren Gartenböden zufriedengäbe. Gerade hier aber liegen die Schwierigkeiten.
Heidelbeeren sind Kalkflieher, d. h., sie brauchen »sauren« Boden mit pH-Werten zwischen 4 und 5, während die Reaktion des Erdreichs in den meisten Hausgärten im neutralen Mittel von pH 7 oder geringfügig darunter liegt. Da Heidelbeeren hinsichtlich der Bodenansprüche keine Toleranz zeigen, ist eine Pflanzung in normale Gartenerde von vornherein zum Scheitern verurteilt. Man muß ihnen ein Extraquartier vorbereiten, also Gruben von 50 cm Tiefe und mindestens 1 x 1 m Umfang ausheben und mit einem Gemisch aus sandiger Gartenerde, Torf bzw. einem Substrat aus Kiefern- und Fichtenrinde füllen. Auch spezielle Rhododendronerden oder Sägemehl eignen sich als Zuschlagstoffe. Wo das Erdreich nachgewiesenermaßen extrem kalkhaltig ist, empfiehlt es sich, die Pflanzgrube zusätzlich mit Folie auszukleiden, um Einwaschungen unerwünschter Stoffe

Da Heidelbeeren kalkarmen Boden wünschen, kann man ihnen durch in die Erde eingesenkte größere Gefäße ein optimales, mit saurem Substrat gefülltes Pflanzbett schaffen.

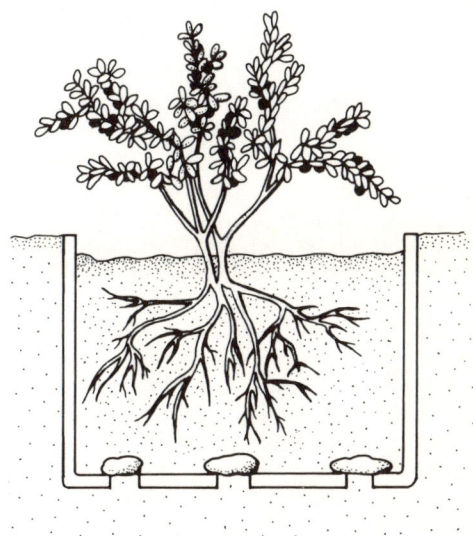

zu verhindern. Übrigens lassen sich auch in die Erde eingesenkte, größere Gefäße wie halbierte Fässer oder dergleichen als Pflanzbett herrichten.

Bei der Pflanzung an einen sonnigen Platz im Herbst oder Frühjahr können die Sträucher ruhig etwas tiefer stehen als in der Baumschule, um die Bildung von Jungtrieben aus der Wurzel zu fördern. Da Heidelbeeren zu den Flachwurzlern gehören, darf unter und zwischen ihnen nicht gegraben und nur vorsichtig gehackt werden. Unkraut wird durch eine immer wieder zu erneuernde Mulchschicht aus Grasschnitt, Laub und anderen organischen Gartenabfällen unterdrückt; wo es dennoch hochkommt, läßt es sich aus der unter der Abdeckung locker und feucht gehaltenen Erde leicht herausziehen. Gleichzeitig wandern kontinuierlich Nährstoffe in den Boden, der im Frühjahr zusätzlich durch Ausbringung von Kompost oder verrottetem Stallmist aufgedüngt wird. Ein Schnitt ist erst nach etwa fünf Jahren nötig, wobei man überalterte Triebe direkt am Boden wegnimmt oder über einem Jungtrieb kappt. Ab dem 3. oder 4. Standjahr kann je nach Sorte von Juli bis September geerntet werden – und das über viele Jahre hinweg. Obgleich Heidelbeeren selbstfruchtbar sind, gibt es höhere Erträge, wenn man mehrere Sorten pflanzt. Vermehrung durch Stecklinge, Ableger oder Absenken und Anhäufeln bodennaher Triebe, die abgeschnitten und neu gepflanzt werden, sobald sich Wurzeln gebildet haben.

Japanische Weinbeere
Rubus phoenicolasius

Der aus Ostasien stammende, mit Himbeere und Brombeere verwandte Strauch, der sich im August mit tomatenroten, brombeerähnlichen Beeren schmückt, kann als Obst mit den anderen Rubus-Arten nicht konkurrieren. Die Beeren mit dem weinsäuerlichen Geschmack – die Engländer sprechen von einem feinen Moschusaroma – sind zwar eßbar, aber wenig beeindruckend. Nimmt man sie nur als angenehme, vor allem schmückende Beigabe, bleibt immer noch der Zierwert dieses Gehölzes mit bis zu 2,50 m langen, überhängenden Ruten, an denen sich im Juni/Juli kleine, hellrosa gefärbte Blüten in dichten Rispen öffnen. Die mit roten Borstenhaaren besetzten Triebe sind auch im Winter hübsch anzusehen und müssen aufgebunden werden; man kann sie aber auch zur Bedeckung von sonnig oder halbschattig gelegenen Böschungen nutzen.

Das anspruchslose Gehölz ist schnellwachsend und winterhart. Als Düngung reichen Kompostgaben im Frühjahr, vermehrt wird durch Absenker, indem man einen der langen Triebe zu Boden biegt, unter Freihaltung der Spitze mit Erde bedeckt und nach erfolgter Wurzelbildung von der Mutterpflanze abtrennt.

Ähnlich anspruchslos ist übrigens die ebenfalls aus Ostasien (Japan) stammende **Erdbeer-Himbeere** (*Rubus illecobrosus*), die nur 0,50–1 m Höhe erreicht und sich von Juli bis Herbst mit

4 cm großen, weißen Blüten schmückt. Auch hier verspricht der Name mehr, als die ab August reifenden, erdbeerähnlichen Früchte halten. Da sie im Geschmack ziemlich nichtssagend sind, eignen sie sich nur für die Herstellung von Säften und Marmeladen – am besten zusammen mit anderen, aromatischen Früchten. Beide hier genannte Arten sollten in ihrem Nutzwert Pflanzenliebhabern vorbehalten bleiben, die nicht nur das Experiment im Garten, sondern auch das Ausprobieren in der Küche als Hobby betreiben, Freude am Besonderen und Phantasie genug haben, dieses Obst durch Raffinesse und ausgewählte Zutaten zu »veredeln«.

Jostabeere
Ribes nidigrolaria

Die ersten Versuche, durch Kreuzung von Schwarzer Johannisbeere und Stachelbeere eine neue, krankheitsresistente Sorte zu gewinnen, liegen schon über 70 Jahre zurück. Erst 1975 war es dann soweit, daß die Jostabeere für den Markt freigegeben werden konnte. Heute ist sie mit einigen verbesserten, großfrüchtigen und im Wuchs schwächeren Züchtungen in Baumschulen erhältlich. Gegenüber den Eltern zeichnet sich die Jostabeere durch einige vorteilhafte Eigenschaften aus: Sie ist resistent gegen den Amerikanischen Stachelbeermehltau und die Blattfallkrankheit und wird nicht von der Johannisbeergallmilbe befallen. Die Triebe besitzen keine Stacheln, die Beeren

bleiben, auch wenn sie vollreif sind, am Trieb hängen. Regelmäßiger Schnitt, wie bei anderen Beerensträuchern, ist nicht erforderlich; das Aroma der großen Früchte hat nicht die Intensität der Schwarzen Johannisbeere, sondern liegt zwischen dieser und der Stachelbeere.

Weil die Büsche mit den über 1,50 m langen Ruten sehr groß werden, sollte man ihnen allerdings am sonnigen Platz einen Standraum von 2,50–3 m einräumen, damit sie sich nicht gegenseitig bedrängen, beschatten und das Aroma der Beeren darunter leidet. Der Strauch gedeiht auf jedem normalen Gartenboden, wenn im Frühjahr reichlich Kompost eingearbeitet wird. Zu dicht gewordene Exemplare können nach einigen Jahren ausgelichtet, zu lange Triebe eingekürzt werden – zweckmäßigerweise in einem Arbeitsgang mit der Ernte. Mit dem ersten Ertrag ist ab dem 3. oder 4. Standjahr zu rechnen.

Kiwi
Actinidia chinensis

Obgleich die Kiwi in Ostasien heimisch ist, erhielt sie ihren Namen nach dem Wappenvogel ihrer zweiten Heimat Neuseeland, wo die Pflanze plantagemäßig für den Export angebaut wird. In Europa wird das Schlinggewächs seit einiger Zeit in größerem Umfang in Italien und Frankreich kultiviert, bei uns hat es nur als Bereicherung des Beerenobstsortiments im Hausgarten Bedeu-

tung. Allerdings sind der Kultur durch unser Klima Grenzen gesetzt, da Kiwis nur in wärmeren Gegenden zufriedenstellend gedeihen und fruchten. Daß bisweilen auch dort Erfolge erzielt werden, wo sie eigentlich nicht wachsen dürften, ist kein Widerspruch, sondern ein Glücksfall: Die Pflanzen haben dann einen Standort erhalten, der extrem geschützt liegt, kalten Winden keinen Zugang gewährt und starke Fröste abmildert. Außerdem werden solche Exemplare vermutlich liebevoll und sachgemäß gepflegt, so daß sie sich optimal entwickeln und Witterungsunbilden aus eigener Kraft einiges entgegensetzen können.

Actinidia chinensis ist eine Schlingpflanze, die ihre Triebe bis zu 9 m in die Höhe schicken kann und deshalb am Spalier gezogen werden muß; man kann sie gut an einer Hauswand ranken oder eine Pergola von ihr begrünen lassen, bei viel Platz und günstiger Lage ist auch ein freistehendes Gerüst möglich. Vorteilhaft ist ein nach Westen oder Südwesten weisender Standort, reine Südlagen sind wegen der großen Hitzeeinwirkung im Sommer und Wechseltemperaturen im zeitigen Frühjahr weniger günstig, Nord- und Ostlagen ungeeignet.

Auch an die Bodenbeschaffenheit stellt die Kiwi einige, aber nicht unerfüllbare Ansprüche. Das Erdreich soll humos, durchlässig und nahrhaft, vor allem aber nicht kalkhaltig sein. Wo Zweifel über den pH-Wert bestehen, empfiehlt es sich daher, eine Bodenprobe zu nehmen und in einem Labor analysieren zu

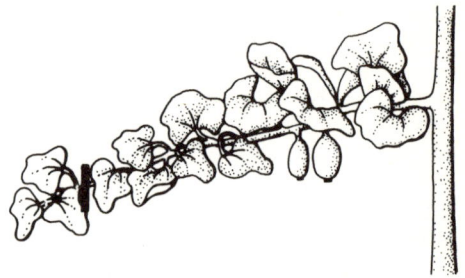

Damit die Nährstoffe den Kiwifrüchten zugute kommen, werden die Ranken nach dem 5. Blatt über der letzten Beere gekappt.

lassen. Liegt der ermittelte Wert über 6,5, sollte die Erde des Pflanzlochs mit Nadelholz-Rindenprodukten verbessert werden, um den Säuregrad zu erhöhen. Aus demselben Grund ist nur mit Regen- oder gut abgestandenem Wasser zu gießen, und zwar den Sommer über reichlich. Die Düngung besteht in nicht zu knappen Kompostgaben im Frühjahr, aber auch jeder andere organische Dünger ist geeignet.

Da vor allem Jungpflanzen durch Fröste gefährdet sind und Kiwis stets als Ballenware angeboten werden, ist die sicherste Pflanzzeit nach den Eisheiligen von Mitte Mai bis Anfang Juni. In klimatisch günstigen Gegenden kann man aber auch gegen Ende Oktober pflanzen, wobei stets zu den weiblichen Exemplaren auch ein männliches kommen muß, da alle gängigen Kiwisorten zweihäusig sind, d.h., männliche und weibliche Blüten sitzen an getrennten

Pflanzen. Eine Ausnahme macht 'Jenny', die keinen Befruchtungspartner benötigt und sich außerdem durch besondere Winterhärte auszeichnet. Da die Früchte erst ab November erntereif sind, sollte man sie bis zu den ersten Frösten am Strauch belassen. Nicht ausgereifte Beeren reifen im Haus nach und halten sich an einem kühlen Platz viele Wochen. Die Hauptschnittarbeiten an den Kiwis fallen in die Sommermonate Juli/August. Man schneidet dann jeden Trieb nach dem 5. Blatt oberhalb der letzten Frucht weg, damit die Nährstoffe nicht an den Beeren vorbei in die Zweigspitzen getragen werden. Außerdem sind zu dicht wachsende Ranken auszulichten.

Maulbeere, Schwarze
Morus nigra

Das schon im Altertum bekannte, stattliche Gehölz mit ausladender Krone braucht zum Gedeihen viel Wärme und kann deshalb mit Erfolg nur in Gegenden mit mildem Klima angepflanzt werden. Da die Pflanze meist einhäusig ist, d.h., männliche und weibliche Blüten am selben Exemplar vertreten sind, ist ein Befruchtungspartner in der Regel nicht notwendig, um in den Genuß der tiefroten, Brombeeren ähnelnden, süßaromatischen, saftigen Früchte zu kommen.

In Weinbaugebieten könnte man sich dieses ansehnliche Gehölz gut als Hausbaum vorstellen, der Attraktivität und Nutzen in sich vereinigt. In lockeren, durchlässigen, nahrhaften Böden gedeiht *Morus nigra* ohne größere Probleme und liefert im Juli/August die bis zu 6 cm langen Beeren. Die Reife wird durch das Abfallen gesunder Früchte angezeigt. Neben dem Rohgenuß eignen sie sich vorzüglich zur Herstellung von Säften, Marmeladen und Gelees.

Mispel
Mespilus germanica

Der baumartige, bis 3 m hohe Strauch stammt nicht, wie der botanische Name vermuten läßt, aus Mitteleuropa, sondern aus Vorderasien, dort ist er schon seit dem Altertum bekannt und als Obstgehölz geschätzt. Diesen Ruf genoß er bei uns noch im Mittelalter, wo man ihn häufig in den Gärten anpflanzte. Von dort aus verwilderte *Mespilus* vermutlich und siedelte sich in der freien Natur an sonnigen bis halbschattigen Plätzen an. Wegen der Anspruchslosigkeit – sowohl feuchter wie auch trockener Boden werden vertragen – wäre der Mispel zu wünschen, daß man sie vermehrt wieder zurück in die Gärten holt, beispielsweise ins häusliche Grün mit Bauerngarten-Charakter. Denn auch die cremeweißen, bis 4 cm breiten, im Mai und Juni erscheinenden Blüten, die wegen dieses späten Termins kaum von Frösten bedroht sind, haben beträchtlichen Schmuckwert. Entsprechend spät, nämlich erst im Oktober, reifen die zunächst grünen, dann bräunlichen, runden, oben abgeflachten Früchte heran. Ähnlich Schlehen sollten sie etwas Frost abbekommen, weil sie erst dann weich und eßbar werden. Der Geschmack des mehligen Fruchtfleischs ist säuerlich-würzig, aber zugegebenermaßen nicht jedermanns Sache. Die einzige Pflege des Baums besteht im gelegentlichen Auslichten zu dicht wachsender Zweige oder dem Entfernen alten Holzes.

Nektarine
Prunus persica var. *nucipersica*

Vom nahe verwandten Pfirsich unterscheidet sich die Nektarine durch die glatte, unbepelzte Haut und das meist etwas festere, süßere Fruchtfleisch. Wärmebedürftigkeit und Frostempfindlichkeit ähneln der des Pfirsichs, so daß eine Kultur nur im Weinbauklima Erfolg verspricht, da Blütenfröste die ganze Ernte zunichte machen können. Auch die Ansprüche an den Boden sind hoch, er soll warm, durchlässig, leicht und humos sein, toniges oder schweres Erdreich führt leicht zu Gummifluß, d. h. zum Harzaustritt und schlechter Ausreife des Holzes im Herbst, was wiederum die Winterhärte beeinträchtigt.
Bei der Nektarine handelt es sich also um ein ausgesprochenes Obstgehölz für den Liebhaber, der den Standort sorgfältig aussucht und das empfindliche Holz bei unverhofften Kälteeinbrüchen schützt. Der Lohn sind delikate Früchte, die meist im Lauf des Augusts reifen. Süddeutsche Baumschulen bieten Sorten an, die sich vor Ort bewährt haben.

Passionsblume, Purpurgranadilla
Passiflora edulis

Von den etwa 20 *Passiflora*-Arten – insgesamt sind es 500 – mit eßbaren Früchten hat *P. edulis,* die Purpurgranadilla, auch wirtschaftlich die größte Bedeutung. Die Schlingpflanze mit den dreifach gelappten, glänzendgrünen Blättern und interessanten Blüten ist in Brasilien beheimatet, wird jetzt aber auch in Südafrika und Australien zur Fruchtgewinnung angebaut. Die etwa hühnereigroßen, bei der Reife rotbraun und purpurroten Früchte dienen vor allem der Saftherstellung (Maracuja), man kann das aromatische, süßsäuer-

Bei unter Glas gezogenen Passionsfrüchten nimmt man die Bestäubung sicherheitshalber mit einem Pinsel vor.

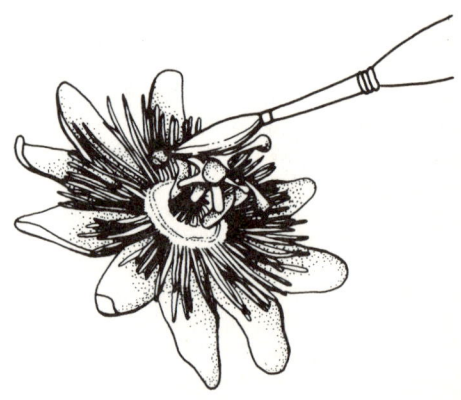

lich schmeckende Fruchtfleisch aber auch aus der halbierten »Beere« herauslöffeln.

Sofern man *Passiflora edulis* nicht ganzjährig unter Glas kultiviert, wird sie wie andere Kübelpflanzen behandelt. Sie erhält also nach Mitte Mai einen sonnigen, windgeschützten Platz im Freien, wird reichlich gegossen und alle 14 Tage oder auch seltener bis September flüssig gedüngt; als Substrat genügt durchlässige Einheitserde. Vor den ersten Frösten muß dann der Umzug ins helle, 10–15 Grad Celsius warme Winterquartier erfolgen; dabei können auch die langen Ranken stark zurückgeschnitten werden. Vermehrung durch Aussaat oder Stecklinge bei etwa 22–25 Grad Celsius Bodenwärme, am besten im Anzuchtbeet. Bei der Bestäubung der geöffneten Blüten hilft man sicherheitshalber mit einem feinen Pinsel nach.

Pepino, Birnenmelone
Solanum muricatum

Diese nur in Kultur bekannte Art mit den langen, dünnen Trieben und violetten Blüten läßt sich gut als Zierpflanze in Ampeln ziehen. Interessant sind aber auch die tennisballgroßen, gelben, mit violetten Streifen versehenen Früchte, die im Geschmack zwischen Birnen und Melonen liegen und zur Zeit der Vollreife ab August roh verzehrt werden. Bei 'Pepino Gold' handelt es sich um eine Neuzüchtung mit besonders schön gefärbten Früchten.

Wird auf hohe Erträge Wert gelegt, ist eine Kultur im Glashaus am günstigsten, man kann es aber auch an einem sonnigen bis leicht beschatteten Platz an geschützter Stelle im Freien probieren. Während der sommerlichen Wachstumsphase ist reichlich zu wässern und bis etwa August alle zwei Wochen zu düngen. Überwintert wird das staudig bis halbstrauchig wachsende Nachtschattengewächs entweder kühl bei 4–10 Grad Celsius, dunkel und entsprechend trocken, oder man kultiviert, z.B. im Wintergarten, hell und bei mäßiger Wärme durch; dann ist entsprechend mehr zu gießen. Vermehrung durch Kopfstecklinge im Frühsommer/Sommer.

Preiselbeere
Vaccinium vitis-vidaea

Die kleinen, bis zu 30 cm großen Sträucher kommen wildwachsend auf der gesamten nördlichen Halbkugel bis nach Grönland und Alaska vor. In den Kulturansprüchen sind sie noch bescheidener als die Heidelbeeren, brauchen aber ebenfalls einen sauren Boden mit einem pH-Wert von 5–6.

Zu den Kulturmöglichkeiten gilt das bereits bei den Heidelbeeren Beschriebene (siehe S. 59). Gepflanzt wird im Herbst oder Frühjahr an einen sonnigen bis leicht beschatteten Platz, Reihen- und Pflanzenabstand 30 cm. Da die Nährstoffansprüche gering sind, reichen Kompostgaben im Frühjahr, eine Mulchdecke wird wie von allen Wald-

und Waldrandpflanzen dankbar quittiert. Speziell für den Garten gibt es mittlerweile einige Sorten mit größeren Beeren, die im Spätsommer/Herbst reifen. Der Ertrag der ersten Blüte im Mai/Juni ist meist so spärlich, daß er nicht ins Gewicht fällt. Was sich wirklich lohnt, sind die Beeren aus der Juli- und Augustblüte. Übrigens lassen sich die immergrünen Kleinsträucher mit den rötlichweißen Glockenblüten auch gut im Zierbereich unterbringen, beispielsweise als Bodendecker unter ebenfalls kalkfliehenden Rhododendren oder im Heidegarten.

Sanddorn
Hippophaë rhamnoides

In Auwäldern und an Feldrainen mit magerem Untergrund kommt dieses 4–6 m hohe, mit Dornen bewehrte Gehölz in Süd- und Südwestdeutschland häufig wildwachsend vor. Als Feldhecken- und Vogelschutzgehölz hat er gerade heute erhöhte ökologische Bedeutung und wird auch vermehrt im Naturgarten angepflanzt. Zudem sieht der Strauch mit seinen schmalen, silbergrauen Laubblättern und den orangeroten Beeren im Herbst auch noch attraktiv aus.

Da männliche und weibliche Blüten an getrennten Pflanzen sitzen, muß man mindestens ein Pärchen haben, um Früchte gewinnen zu können, bei mehreren Exemplaren kann 1 männliches bis zu 8 weibliche befruchten. Die etwa 8 mm großen Beeren reifen im August/September und sind nicht ganz einfach zu ernten, da sie beim Abnehmen leicht aufplatzen und ihren orangeroten Saft verspritzen. Auch wegen der Dornenbewehrung erfordert das Pflücken Fingerspitzengefühl. Aber die Mühe lohnt sich, denn die Früchte haben den höchsten Vitamin-C-Gehalt aller Gartengehölze. Es gibt eine ganze Reihe von Sorten, deren Anbau sich wegen des reichen Fruchtbehangs besonders empfiehlt. Saft und Gelee aus Sanddornbeeren sind ausgesprochene Delikatessen. Vermehrung durch Wurzelausläufer, die man abtrennt und neu pflanzt.

Schwarze Apfelbeere
Aronia melanocarpa

In der ehemaligen DDR, in Osteuropa und Rußland wird dieser etwa 1 m hohe Strauch mit den glänzenden, tiefgrünen Blättern als Nutzpflanze plantagemäßig angebaut, bei uns findet man ihn gelegentlich in Baumschulen, die ihn als Obstgehölz für den Hausgarten anbieten. Die süßsäuerlichen, eher herben, glatten schwarzen Beeren, die im August reifen, werden etwa 10 mm dick und können zu Marmelade verarbeitet oder als stark färbender Zusatz zu Säften, Marmeladen und Gelees verwendet werden.

Der genügsame, buschig wachsende Strauch nimmt mit jedem Gartenboden vorlieb, wächst in Sonne wie in Halbschatten und ist völlig winterhart. Die Vermehrung durch Ausläufer bereitet keine Probleme.

Weinrebe

Taybeere
Rubus loganobaccus

Wie bei Logan- und Boysenbeere (siehe S. 54) handelt es sich auch bei der Taybeere oder Tayberry um eine Kreuzung von Brombeere und Himbeere. Die stark bedornten Pflanzen entwickeln bis zu 4 m lange Ranken, d. h., man muß sie an einem Spalier oder an Drähten befestigen, im Herbst wieder abbinden und die Triebe am Boden mit Laub oder Fichtenreisig vor strengeren Frösten schützen. Minustemperaturen bis zu 14 Grad Celsius werden noch vertragen – aber wer ist selbst in wintermilden Gebieten gegen überraschende Frosteinbrüche gefeit?
Als Standort kommt ein möglichst warmer und geschützter Platz, ideal vor einer Mauer, in Frage, sofern der Boden dort nicht schwer und verdichtet ist. Sonst sind die Ansprüche gering; gedüngt wird im Frühjahr mit reichlich Kompost, zusätzlich kann noch ein organischer Fertigdünger gegeben werden, besonders wenn das Erdreich sehr leicht und sandig ist. Die etwa 4 cm langen, purpurroten Beeren reifen im Juli/August, schmecken süßsäuerlich, aber ohne das feine Himbeeraroma und eignen sich deshalb vor allem für die Zubereitung von Marmelade und Konfitüre. Der Schnitt beschränkt sich auf das Entfernen alter, abgetragener Ruten und zu vieler Triebe im Frühjahr. Die Vermehrung erfolgt am einfachsten durch Absenker, da dafür die langen Ranken der Taybeere optimal sind.

Weinrebe
Vitis vinifera

Die Weinrebe, die zu den uralten Kulturpflanzen gehört, hat eine ehrwürdige Vergangenheit: »Noah aber, der Landmann, war der erste, der Weinreben pflanzte« liest man im 1. Buch Mose des Alten Testaments. Die Weinkultur ist vermutlich zuerst in den Flußtälern Vorderasiens aufgekommen, wo wilde Reben regelmäßig reife Früchte tragen. Die Bereitung von Wein war aber jedenfalls auch den Assyrern und Ägyptern bereits um 3500 v. Chr. bekannt; die Griechen lernten ihn vermutlich von den Phöniкern noch vor der Mitte des 2. Jahrtausends v. Chr. kennen, und von den Griechen gelangte die Kenntnis dann zu den Römern. Unser Weinbau geht zunächst wahrscheinlich auf die Griechen zurück, denn griechische Phokäer hatten um 600 v. Chr. das heutige Marseille gegründet und den Weinbau von dort aus verbreitet. Nach der Besetzung Galliens durch die weinseligen Römer begann der Rebanbau in Burgund und im oberen Elsaß und kam von dort an Rhein und Mosel.
Heute werden Reben als Spalierobst oder zur Begrünung von Hauswänden und Pergolen vor allem in unseren Weinbaugebieten ziemlich häufig angepflanzt, in günstigen Lagen und an geschützten Standorten ist die Kultur jedoch keineswegs nur auf diese milden Klimate beschränkt. Denn wenn man vom Wärmebedürfnis absieht, ist die Rebe nicht besonders anspruchsvoll. Man pflanzt den Schlinger im Frühjahr,

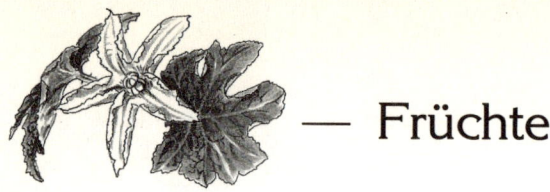

Früchte

bei Containerware bis in den Sommer hinein möglichst an eine West- oder Südseite, und zwar leicht schräg zum späteren Spalier hin, etwa 50 cm davon entfernt, falls eine feste Wand begrünt werden soll. In Weinbaugebieten dürfen nur Pfropfreben, also veredelte Reben verwendet werden. Kräftiger, lockerer, durchlässiger Boden ohne Neigung zu Staunässe sorgt für zügiges Wachstum, das man durch jährliche Kompost- oder andere Naturdüngergaben fördert.

Zuckermelone
Cucumis melo

Da die Melone zu den Nutzpflanzen gehört, die mit Abstand am meisten Wärme benötigen, ist der Freiland-Anbau bei uns nur in klimagünstigen Weinbaugebieten möglich und selbst dort bei verregneten, kühlen Sommern Glückssache. Wer ein Gewächshaus oder

Frühbeet besitzt, schaltet damit die Risiken weitgehend aus und kann mit zufriedenstellenden Ergebnissen rechnen. Allerdings wurden mittlerweile robuste Hybriden entwickelt, die mehr Kühle vertragen, eine kürzere Kulturdauer benötigen und keinen Schnitt brauchen wie z. B. 'Sperlings Honigtopf'. Melonen sollten in jedem Fall aus Samen bei warmer Vorkultur herangezogen werden – für Gewächshaus und Frühbeet Anfang April, für Freilandbeete Mitte bis Ende April. Im Abstand von 60 cm ausgepflanzt wird nicht vor Ende Mai/Anfang Juni. Günstig ist im Garten eine Pflanzung auf schwarzer Folie oder eine Tunnelabdeckung. Der Boden muß immer reichlich organische Nährstoffe enthalten, im Idealfall gut verrotteten Stallmist, der bereits im Herbst eingearbeitet wird, Kompost bzw. einen anderen Naturdünger vor der Pflanzung. Da Melonen, von einigen modernen Züchtungen abgesehen, die weiblichen, fruchtbildenden Blüten erst an den Seitentrieben zweiter Ordnung bringen, entscheidet der Schnitt über den Ertrag. Dabei geht man folgendermaßen vor: 1. Sobald die Triebe 5 voll entwickelte Blätter haben,

Schnitt bei Melonen. Oben links: Den Trieb oberhalb des 5. Blattes der Jungpflanzen kappen. Oben rechts: Die danach erscheinenden Seitentriebe oberhalb des 6. Blattes wegschneiden. Unten: Wenn die Früchte pflaumengroß sind, den Trieb nach dem 2. Blatt über der Melone ein letztesmal entfernen.

Zuckermelone

schneidet man sie über dem 5. Blatt weg. Aus den Blattachseln sprießen nun die ersten Seitentriebe (Triebe 1. Ordnung), von denen ebenfalls noch keine Blüten zu erwarten sind; daher werden sie nach dem 6. Blatt ebenfalls gekappt. Nun entwickeln sich wiederum Seitentriebe (Triebe 2. Ordnung), an denen auch die weiblichen Blüten erscheinen. Ein letzter Schnitt ist schließlich empfehlenswert, sobald die Früchte etwa Pflaumengröße erreicht haben, dann werden die Triebe ein letztes Mal 2 Blätter oberhalb der Frucht gekappt. Da insbesondere bei Unterglasanbau auf Insekten kein Verlaß ist, bestäubt man die Blüten am besten mit einem feinen Pinsel von Hand. Damit die dem Boden aufliegenden, schweren Früchte nicht faulen, legt man ihnen Brettchen, Teller oder ähnliches unter, beim Aufleiten der Pflanzen im Gewächshaus muß das Stützgerüst entsprechend stabil sein.

Wassermelonen, von denen der Handel ebenfalls Samen anbietet, sind noch schwieriger zu kultivieren, so daß ein Anbau selbst im Gewächshaus viel Erfahrung voraussetzt und nur selten gelingt.

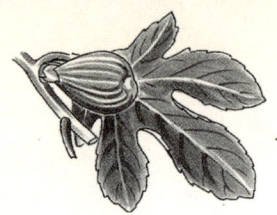

Bezugsquellen

Diese Auflistung von Versandgärtnereien erhebt keinen Anspruch auf Vollständigkeit.

Carl Sperling u. Co.
Sperli Samen
Postfach 2640
21316 Lüneburg

Südflora
Stutsmoor 42
22607 Hamburg

Thysanotus-Samen-Versand
Postfach 44 81 09
28281 Bremen

Naturwuchs
Bardenhorst 15
33739 Bielefeld

Ibero Import
Bahnhofstr. 12
37249 Neu-Eichenberg

Gärtner Pötschke
Postfach 20 22 20
41553 Kaarst

Gerhard Wißmann
Artilleriestr. 43
49076 Osnabrück

Rijk Zwaan
Werler Str. 1
59514 Welver

Renate Bucher
Samen und Jungpflanzen
Wingertsweg 6
64342 Seeheim-Jugenheim

Conrad Appel
Bismarckstr. 59
64293 Darmstadt

Versandgärtnerei
G. Koitzsch
Arheilger Str. 16
64390 Erzhausen

Hans Bartsch
Deutsche Markenbaumschule
Nothgottesstr. 4
65366 Geisenheim

Blauetikett Bornträger GmbH
Postfach 130
67591 Offstein

Julius Wagner
Eppelheimer Str. 18–20
69115 Heidelberg

Exotische Sämereien
Postfach 1348
72003 Tübingen

Flora Mediterranea
Königsgütler 5
84072 Au i. d. Hallertau

Dehner
Postfach 11 60
86640 Lech

Register

Halbfett gedruckte Seitenzahlen weisen auf Abbildungen hin.

Abelmoschus esculentus **32**
Absenker 12
Actinidia chinensis 61, **62,** 63
Ägyptische Zwiebel **30,** 31
Allium cepa **30,** 31, 48
Allium ursinum 22
Amaranth 19, **20**
Ananas comosus **50,** 51
Andenbeere **38,** 51
Anzucht 10–12
Anzuchthilfen **11**
Apfelbeere, Schwarze 66
Apfelbirne 51, 52
Apfelgurken 26
Apfelsine 54
Apium graveolens 22, 23
Aronia melanocarpa 66
Artischocke 12, 20, **21**
Asparagus officinalis **25,** 26
Atriplex hortensis 31
Aubergine 17, 21, 22
Aussaat 10, 11

Banane 52
Bärlauch 22
Batate 44, 45
Baumtomate 52, **53**
Bezugsquellen 9, 70
Birnenmelone 65
Bitterorange 57
Blattläuse 16
Bleichen **23**
Bleichsellerie 22, 23
Bleichspargel **25,** 26
Blitum capitatum 24
Blueberry 59
Boysenbeere 54
Brassica 33, 40, 43, **44**
Bremer Scherkohl 40
Brennesselauszug 16
Brennesseljauche 14
Brombeere 60, 67

Brunnenkresse **36, 47,** 48

Calamondine 54
Cardy **23,** 24
Chenopodium bonushenricus 27
Chenopodium capitatum 24
Chinakohl 33
Chinesischer Senfkohl 33
Cicer arietinum 28
Citrus 54, 55
Cochlearia officinalis 29
Crambe maritima 40, 41
Cucumis melo **68,** 69
Cucumis sativus 26, 27
Cucurbita pepo 42
Cynara cardunculus **23,** 24
Cynara scolymus 20, **21**
Cyperus esculentus 24, **25**
Cyphomandra betacea 52, **53**

Dickmaulrüßler 16
Düngen 13, **14,** 15

Echter Feigenbaum 57, 58
Eierfrucht 21, 22
Ensete ventricosum 52
Erdbeer-Himbeere 60, 61
Erdbeerspinat **18,** 24
Erdmandel 24, **25**
Etagenzwiebel **30,** 31
Exotische Früchte 8, 9, 49

Fadenwürmer 16
Feige **55,** 57, 58
Feigenbaum, Echter 57, 58
Feigenkaktus **58,** 59
Ficus carica 57, 58
Florfliegen 16
Folientunnel 21
Fortunella 54
Fungizide 15, 19

Gallmücken 16
Gartenmelde 31, **35**
Gartenzwiebel 48
Gelbtafeln 16
Gemüsefliegen 19
Gewächshaus 21
Gießen 13
Glycine max 41, 42
Gombo **32**
Grapefruit 54
Grünspargel **25,** 26
Gurken-Spezialitäten 26, 27
Guter Heinrich 27

Haferwurzel **17,** 27, 28
Hammelmöhre **33,** 34
Heidelbeere **59,** 60, 65
Helianthus tuberosus 47
Himbeere 60, 67
Hippophaë rhamnoides 66

Insektizide 15
Ipomoea batatas 44, 45

Japanische Kartoffel 28, 29
Japanische Weinbeere 60, 61
Johannisbeere 61
Jostabeere 61

Kapstachelbeere 51
Kardone **23,** 24
Keimsprosse 31, **41**
Kichererbse 28
Kirschtomate **46**
Kiwi 61, **62,** 63
Knoblauch, Wilder 22
Knollenziest 28, 29
Kopfkohl 43, **44**
Kopfstecklinge 12
Krankheiten 15
Kubaspinat 29
Kürbis 42

Lactuca sativa 42, 43
Lady's Finger **32, 36**

Register

Lampionblume 38, 51
Löffelkraut 29
Loganbeere 54
Löwenzahn 30
Luftzwiebel **30**, 31
Lycopersicon esculentum 45, **46,** 47

Mairübe **35,** 39, 43
Mandarine 54
Maracuja 64, 65
Maulbeere, Schwarze **56,** 63
Meerkohl 40, **41**
Melde 31, 35
Melone 15, **68,** 69
Mespilus germanica 63, 64
Mispel 63, 64
Mohrrübe 33, 49
Montia perfoliata 29
Moorwurzel **33,** 34
Morus nigra 63
Mulch 15, 65
Mungbohne 31
Musa acuminata 52

Nashi 51, 52
Nasturtium officinale 47, 48
Nektarine 64
Nematoden 16
Nützlinge 15

Okra **32, 36**
Opuntia ficus-indica **58,** 59

Pak Choi 33, **36**
Pampelmuse 54
Passiflora edulis **64,** 65
Passionsblume **64,** 65
Pastinake **33,** 34, 49
Pepino **38,** 65
Pfeffer 34, 39
Pflanzenschutz 15, 19
Physalis 51

Pikieren 11
Pilzkrankheiten 15
Piper nigrum 34, 39
Poncirus trifoliata 57
Popcorn 39
Postelein 29
Preiselbeere **56,** 65, 66
Prunus persica 64
Puffmais 39
Purpurgranadilla **64,** 65
Pyrus pyrifolia 51, 52

Raps 40
Raritäten 9
Ribes nidigrolaria 61
Rübstiel 39, 43
Rubus illecobrosus 60, 61
Rubus loganobaccus 54, 67
Rubus phoenicolasius 60, 61
Rumex rugosus 40

Sanddorn 66
Sauerampfer 40
Schädlinge 15
Schnecken 19
Schwarze Apfelbeere 66
Schwarze Maulbeere **56,** 63
Seekohl 40, 41
Sellerie 22, 23
Sium sisarum 49
Sojabohne 41, 42
Solanum melongena 21, 22
Solanum muricatum 65
Spaghettikürbis 42
Spargel 42
Spargelsalat 42, 43
Speiserübe **35,** 43
Spinnmilben 16
Spitzkohl 43, **44**
Stabtomate 45
Stachelbeere 61
Stachys affinis 28, 29

Standortwahl 13
Stielmus 39, 43
Süßkartoffel **36,** 44, 45
Süßwurzel 49

Tagetes 19
Tamarillo 52, **53**
Taraxacum officinale 30
Taybeere 67
Teilung 12
Teltower Rübchen 43
Tomaten-Spezialitäten **38,** 45, 46, 47
Topinambur 47
Tragopogon porrifolius 27, 28

Vaccinium corymbosum 59, 60
Vaccinium myrtillus **59**
Vaccinium vitis-vidaea 65, 66
Vermehrung, vegetative 11
Vigna radiata 31
Vitis vinifera 67, 68

Waldheidelbeere 59
Wasserkresse **36, 47,** 48
Wassermelone 69
Weinbeere, Japanische 60, 61
Weinrebe 67, 68
Weiße Fliege 16, 19
Weißwurzel 27, 28
Winterportulak 29
Winterzwiebel 48
Wurzelschnittlinge 12

Zea mays 39, 48, 49
Zehrwespen 16
Zitrone 54
Zucchini 42
Zuckermais 48, 49
Zuckermelone **68,** 69
Zuckerwurzel **37,** 49
Zwergbanane 52